Début d'une série de documents en couleur

ÉLISE ET CÉLINE

OU

UNE VÉRITABLE AMIE

PAR

STÉPHANIE ORY

TOURS
ALFRED MAME ET FILS
ÉDITEURS

BIBLIOTHÈQUE DE LA JEUNESSE CHRÉTIENNE. — 4e SÉRIE.

Albertine et Suzanne.
Âmes de Charité (l').
A qui la faute?
A quoi sert un chapelet.
Aventures (les) du cousin Jacques, par Just Girard.
Bailli de Suffren (le).
Billet de loterie (le).
Ce que disent les champs.
Château des Ravenelles (le).
Chauvert, lieutenant général des armées du roi.
Cloche cassée (la).
Contes arabes (1re partie), par Raoul Grimard.
Contes arabes (2e partie), par le même.
Contes arabes (3e partie), par le même.
Curé d'Ars (le).
Dette du bon Dieu (la), par Marie Guerrier de Haupt.
Dialogues instructifs, par Mlle Anna Doridge.
Divinité de Jésus-Christ (la).
Écolier vertueux (l').
Edmond, ou les Tribulations d'un menteur.
Éleveur d'abeilles (l').
Elisa et Célina.
Eustache Lesueur, par Roy.
Fables choisies de Floston.
François, ou les Dangers de l'indécision.
Gaucho, par E. Boissat.
Général Drouot (le), par le général Ambert.
Hélène, par Mme Grandsord.
Henriette de Saint-Gervais.
Histoire d'un orphelin.
Jeunesse de Salvator Rosa (la).
Joies du foyer (les).
Laurent et Jérôme, ou les Deux jeunes Poètes.
Lucien, par Fr. Joubert.
Madame Élisabeth, sœur de Louis XVI, par Roy.
La Madone de la Sixtine, par M. Muller.
Les Malheurs d'un Bachelier, par J. Graupé.
Maréchal Fabert (le).
Marie-Salote Trégomain, histoire d'une domestique, par Mme Des Prés de la Ville-Toné.
M. Gondral, ou le Travail c'est la santé, par St. Gervais.
Mon Premier Coup de fusil.
Nelly, ou la Fille du médecin, par A.-E. de l'Étoile.
Passeur de Marignottes (le).
Percheron fils, par G. Dubois.
Périne, par M. A. de T***.
Petit Homme noir (le).
Pierre Chauvelot, par Just Girard.
Pierre Rohoul, par Théophile Ménard.
Prix de lecture (le), par Marie-Ange de T***.
Récréations de l'enfance (les), par Mlle Anna Doridge.
Reine et Paysanne.
Sabotier de Marly (le), par J. Girard.
Secret de Madeleine (le).
Soldats français (1re partie), par le général Ambert.
Soldats français (2e partie), par le même.
Souvenirs de charité, par M. le comte de Falloux.
Souvenirs de Mme du Pontelby.
Souvenirs du Sacré-Cœur de Paris.
Trois Jours de la vie d'une reine, par X. Marmier.
Turenne (histoire de), par l'abbé Roguenet.
Une Heure instructive, par Mlle M. O'Kenedy.
Un Mois à la mer, par Louis de Kéraoul.

Tours. — Impr. Mame.

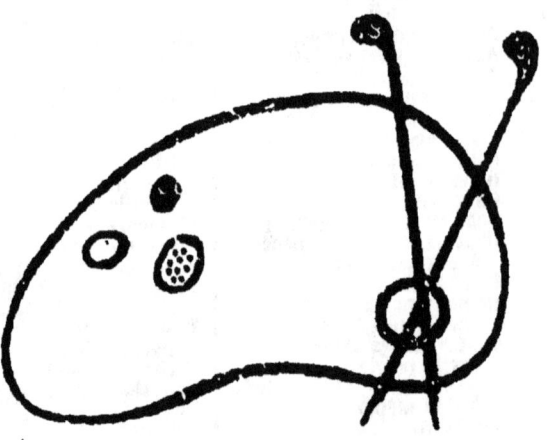

Fin d'une série de documents en couleur

ÉLISE ET CÉLINE

4e SÉRIE IN-12

PROPRIÉTÉ DES ÉDITEURS

Le commandant et sa fille vinrent s'installer dans une jolie maisonnette située au Petit-Andely. (P. 50.)

ÉLISE ET CÉLINE

ou

UNE VÉRITABLE AMIE

PAR

STÉPHANIE ORY

NOUVELLE ÉDITION

TOURS

ALFRED MAME ET FILS, ÉDITEURS

M DCCC LXXXIV

ÉLISE ET CÉLINE

CHAPITRE I

Deux amies de pension.

« Comment ! c'est toi, chère Céline, s'écria Élise Rouvière, en voyant entrer dans sa chambre une de ses amies de pension ; que tu es aimable d'être venue me voir dans ma solitude ! » Et, tout en disant ces mots, elle l'embrassait avec effusion, la débarrassait de son écharpe et de son chapeau, et la faisait asseoir à côté d'elle sur un canapé.

« Bonjour, ma chère, disait en même temps Céline ; bonjour, ma petite Élise ; je ne te demanderai pas comment tu te portes, car tes joues fraîches et roses annoncent de reste que ta santé est excellente.

— Mais tu n'es pas malade, Dieu merci! Si tes joues sont moins colorées que les miennes, cela vient de la différence de nos tempéraments, et non de l'altération de ta santé.

— Je ne suis pas, il est vrai, malade à être alitée; je ne puis pas même dire que je souffre physiquement beaucoup, quoique j'éprouve un malaise général, une sorte d'accablement qui m'enlève toutes mes forces; en un mot, une véritable maladie: c'est l'ennui.

— Bah! interrompit Élise en riant; qui aurait jamais soupçonné que Mlle Céline de Briancourt, jeune, belle, riche, pouvant se donner toutes les distractions et tous les plaisirs propres à combattre l'ennui, fût atteinte de cette terrible maladie, peut-être même du spleen... qui sait?

— Ne plaisante pas, ma chérie; non, je ne vais pas jusqu'à dire que je sois arrivée à cette dernière maladie d'invention et d'importation anglaise; seulement je comprends que certaines gens puissent en être affectés. Pour moi, depuis que nous habitons la campagne, c'est-à-dire depuis près d'un mois, je m'ennuie du matin au soir ; et, comme nous ne retournerons pas à Paris avant cinq ou six mois, je ne sais pas comment je pourrai jusque-là supporter l'existence.

— Tu auras beau faire, je ne saurais m'apitoyer sur ton sort. Quoi ! tu viens à la campagne dans la plus belle saison de l'année, tu habites un château placé dans une situation délicieuse, entouré d'un vaste jardin et d'un parc immense, tu as à foison sous ta main des fleurs et des fruits, tu peux te promener sous les ombrages de ton parc ou sur le gazon fleuri de tes prairies ; ou, sans sortir de chez toi, tu peux, de tes croisées ou de ta terrasse, récréer ta vue en contemplant la riche vallée qu'arrose la Seine et les verdoyants coteaux qui s'étendent de Vernon jusqu'aux Andelys ; partout, enfin, une nature splendide déroule devant toi ses trésors, et tu t'ennuies, et tu regrettes Paris, ses rues bruyantes où l'on étouffe, ses boulevards où l'on est toujours éclaboussé par la boue ou aveuglé par la poussière du macadam !

— Non, je ne regrette pas Paris en ce moment : car qu'y ferais-je ? Il n'y a personne dans cette saison; tous les salons sont fermés, tout le monde est aux eaux ou à la campagne; mais je regrette les soirées, les réunions, les bals, les spectacles de l'hiver. Oh! l'hiver, voilà la belle, la brillante saison, la vraie saison des plaisirs et des divertissements, qui ne laisse pas la moindre ouverture par où l'ennui puisse pénétrer dans l'âme.

— Oui, dit à demi-voix Élise et par forme de réflexion, oui, c'est bien là l'hiver de Paris, gai, joyeux, magnifique et animé pour le riche; mais pour le pauvre, froid, triste, douloureux et souvent mortel.

— Tu comprends, continua Céline sans paraître faire attention à l'observation de son amie, toute la tristesse et l'amertume que je dois éprouver en quittant ces brillantes réunions, où les femmes font assaut de toilette, et les hommes d'amabilité et d'esprit, pour me trouver tout à coup transportée au milieu d'un désert; car tu as beau m'en vanter les charmes, ce n'est toujours qu'un désert; et, comme il n'est point de belle prison, il n'est, à mon avis, aucun désert qui soit beau. Encore si mon père faisait comme beaucoup d'autres châtelains, s'il invitait nombreuse compagnie à Briancourt, qu'il y donnât des soirées et des fêtes; si, à notre tour, nous étions invités dans les châteaux et maisons de campagne du voisinage, on pourrait avoir quelques passe-temps agréables, des parties de chasse, de pêche, des cavalcades, des bals champêtres, enfin tous les plaisirs que peut offrir la villégiature ; mais mon très honoré père, malgré sa noblesse, est lancé comme un simple bourgeois dans les affaires; il ne peut s'absenter de Paris plus d'un jour ou deux par semaine, et il se priverait plutôt de déjeuner que de manquer l'heure de la bourse. Quoique, grâce au chemin de fer, Paris ne soit qu'à deux ou trois heures de distance, il ne fait ici que de courtes apparitions qui ne lui permettent pas de recevoir de société. Pendant ses absences plus ou moins prolongées, il abandonne sa fille aux soins de sa respectable gouvernante, Mme Legay, bonne personne, du reste, comme tu le sais, mais fort peu amusante de son naturel. Ainsi, tu le vois, je n'ai pas la moindre distraction à la campagne. Si du moins nous étions proches voisines, je pourrais te voir tous les jours, et ta compagnie me procurerait une grande et agréable diversion ; mais nous demeurons à douze kilomètres l'une de l'autre, et nous ne pouvons nous voir que bien rarement, encore faut-il que ce soit moi qui vienne le plus souvent te trouver ; car depuis un mois que je suis arrivée dans le pays, je n'ai reçu qu'une visite de toi, tandis que voici la quatrième que je te fais.

— Tu as tort, ma bonne Céline, de m'adresser un pareil reproche ; si j'étais libre de mon temps comme tu l'es du tien, si j'avais, comme toi, à ma disposition des domestiques, une voiture et des chevaux, je t'assure que je ne serais pas en reste avec toi; mais mon temps ne m'appartient pas ; je suis seule ici pour soigner mon vieux père et veiller à l'intérieur de notre maison ; car je ne saurais compter ma vieille nourrice, qui nous sert de bonne, et qui fait les plus gros ouvrages du ménage. Sans doute j'aurai toujours le plus grand plaisir à te voir et à causer avec toi ; mais si tu exigeais de moi de te rendre chacune de tes visites, sous peine de les suspendre, je serais forcée, à mon grand regret, d'interrompre nos relations.

— Allons, voilà que tu prends au sérieux une boutade de tout à l'heure. Non, ma chérie, je n'ai pas eu l'intention de t'adresser un reproche; je voulais seulement exprimer le regret que j'éprouve de ne pouvoir te voir aussi souvent que je le désirerais. Loin de vouloir compter les visites que je te fais, si je suivais mon penchant, je viendrais te voir tous les jours; mais je craindrais de te déranger, car tu m'as dit que tu étais occupée du matin au soir.

— Oh! je prends bien aussi des récréations; d'abord j'ai les fleurs de notre jardin que je cultive; dans la journée, je les sarcle; le soir, je les arrose; le matin, j'en cueille quelques-unes pour garnir les vases de la cheminée et la jardinière du salon; j'ai des vers à soie que j'élève dans la saison, des abeilles dont je suis avec intérêt les mœurs et le travail intelligent; puis, de temps en temps, je vais me promener avec mon père dans la campagne; il me donne quelques leçons de botanique, ou bien il me raconte ses campagnes d'Afrique, entremêlées de quelques légendes arabes fort curieuses.

— Et voilà ce que tu appelles des récréations ! Pauvre amie, que je te plains ! Mais tu dois t'ennuyer à périr !

— M'ennuyer ! s'écria Élise en souriant, je t'assure que je n'en ai pas le temps ; l'ennui, ma chère Céline, est une maladie dont non seulement je n'ai jamais eu besoin de me guérir, mais dont je ne redoute pas même les atteintes, grâce au régime que je suis pour le prévenir.

— Tu devrais bien m'apprendre ton secret, car j'en ai grand besoin.

— Ce sera avec le plus grand plaisir, et je te réponds du succès si tu veux t'astreindre à suivre le régime hygiénique que je te prescrirai ; en peu de temps tu seras guérie de ce malaise général et de cet accablement énervant dont tu te plaignais tout à l'heure.

— Je m'en doutais, que tu avais quelque moyen particulier pour éviter l'ennui. Déjà, à la pension, dans les moments les plus tristes de la journée, pendant les études les plus arides de grammaire ou d'arithmétique, pendant les leçons les plus assommantes de certaines maîtresses, quand presque toutes nos camarades, et moi la première, nous bâillions à nous démettre la mâchoire, ou que nous cherchions quelques petites distractions qui nous faisaient punir, toi, tu restais impassible, toujours sereine, toujours attentive, jamais distraite, excepté aux récréations, où tu t'amusais autant et peut-être plus que les autres; aussi nous nous disions toutes: « Mais comment fait Élise pour ne pas bâiller à la voix monotone et nasillarde de Mme Roger ou aux sentences de la docte Mlle Eugénie? — Oh! répondaient quelques-unes, c'est qu'elle a un talisman contre l'ennui. » Et bien des fois j'ai songé à te prier de me communiquer ce précieux talisman ou ce secret, comme tu voudras l'appeler.

— Rien de plus simple et de plus facile, pour peu que tu y mettes de la bonne volonté; mais, avant de te prescrire mes remèdes, il est essentiel que je connaisse exactement ton état maladif; ainsi je vais t'interroger comme font les médecins que l'on consulte sur une affection dont on est plus ou moins souffrant. D'abord, quelle est ta manière de vivre habituelle? quelle règle suis-tu dans l'emploi de ton temps?

— Quelles singulières questions me fais-tu là? Ma manière de vivre n'a rien de particulier; je cherche avant tout ce qui peut me faire passer le temps d'une manière agréable; pour cela, je me garde bien de me soumettre à une règle quelconque. C'est précisément cette règle qui me fatiguait le plus quand nous étions en pension; aussi mon plus grand bonheur a été, en quittant le pensionnat, de me soustraire à ces entraves qui fixaient, comme une aiguille sur le cadran d'une horloge, les heures de mon lever, de mes repas, de mon travail, de mes récréations. J'aime la liberté par-dessus tout; je veux me lever et me coucher quand il me plaît, manger quand j'en ai envie, lire ou me promener quand cela me convient. J'aime aussi l'imprévu, et je ne veux pas m'assujettir à savoir le matin ce que je ferai le reste de la journée.

— Très bien, je comprends; et c'est ainsi que tu cherches le moyen de passer le temps d'une manière agréable? Eh bien! dis-moi, l'as-tu trouvé ce moyen?

— Mais non, puisque je m'ennuie toujours: sans cela je ne viendrais pas vous consulter, mon beau docteur.

— En ce cas, cela prouve que les moyens

que tu emploies ne sont pas convenables ; mais, avant d'en chercher d'autres, je dois encore t'adresser quelques questions : tu ne m'as répondu que d'une manière générale, et j'ai besoin de détails plus circonstanciés. A quelle heure, à peu près, puisque tu n'en as point de fixe, te lèves-tu ordinairement ?

— A Paris, comme je me couche fort tard, quelquefois même le matin, je ne me lève guère avant onze heures ou midi, quelquefois plus tard, quand je passe la nuit au bal ; mais ici je suis bien plus matinale, et il est rare que neuf heures me trouvent au lit ; il m'est même arrivé deux ou trois fois de me lever à huit heures.

— Comment ! tu as fait cet effort ! et si je te disais que moi je me lève tous les jours à cinq heures du matin.

— A cinq heures du matin ! Rien que d'y penser cela me donne le frisson. Si je me levais à une pareille heure, je serais sûre d'avoir la migraine tout le jour. Oh ! que la journée doit paraître longue quand on se lève si matin ! Pour moi, je crois que je n'en verrais jamais la fin.

— Eh bien ! elle me paraît, au contraire,

fort courte; mais avant de t'expliquer comment cela se fait et de parler de moi, dis-moi, que fais-tu quand tu es levée ?

— Je prends une tasse de chocolat, si je ne l'ai pas prise au lit, ce qui arrive assez souvent; Justine me coiffe; quand il fait beau, je m'enveloppe d'un peignoir et d'un châle; je couvre ma tête d'un grand chapeau de paille, et je vais faire un tour dans le jardin. Mais, comme le soleil est déjà chaud, je ne fais que traverser une allée de charmille, et je vais m'asseoir dans le pavillon, où je passe mon temps à lire, à broder quelquefois, à faire un peu de musique et le plus souvent à bâiller. Vers midi, la cloche du déjeuner m'appelle ; je me rends à la salle à manger, où m'attendent mon père, quand il est à Briancourt, et Mme Legay. Je mange fort peu, car je n'ai presque pas d'appétit. Après déjeuner, je monte dans ma chambre, où, aidée de Justine, je fais ma toilette, plutôt par habitude que par nécessité, puisque je ne vois personne. Puis je vais au salon, où mon père, s'il n'est pas retourné à Paris, lit les journaux et me fait part de ce qu'il croit pouvoir m'intéresser ; quand il est absent, je cause avec Mᵐᵉ Legay, qui a si grand'peur de me contrarier, la brave femme! qu'elle est toujours de mon avis, ce qui précisément me contrarie presque toujours; car rien n'est plus assommant que de s'entendre répéter sans cesse: « Mademoiselle, vous avez raison. » Je passe ainsi dans le salon deux à trois heures à tuer le temps, à lire, à broder, à gronder Justine, et toujours à bâiller et à m'ennuyer. Quand la grande chaleur du jour est tombée, vers quatre heures du soir, je fais atteler, et nous allons, Mᵐᵉ Legay et moi, faire un tour de promenade en calèche. Le plus souvent je n'indique aucun but à ces promenades, et le cocher nous conduit où il lui plaît, à moins qu'en route il ne me prenne l'idée de lui faire changer de direction; c'est ainsi qu'aujourd'hui, et je t'en fais l'aveu, j'étais sortie sans avoir l'intention de venir ici, lorsque, après une heure d'une course assez rapide, j'ai demandé à Jean: « Où sommes-nous? — Sur la route des Andelys, m'a-t-il répondu. — Sommes-nous loin de la demeure du commandant Rouvière? — Nous en sommes à un quart d'heure ou vingt minutes au plus. — En ce cas, allons-y. » Et voilà, ma bonne amie, comment je me trouve en ce moment auprès de toi. Tu vois que l'imprévu m'a réussi cette fois ; car il m'a procuré le plaisir de te voir, ce qui fait que ma promenade de ce jour n'aura pas été fastidieuse comme d'habitude.

— Et moi aussi je rends grâce à ce que tu appelles *l'imprévu,* qui t'a conduite ici et m'a donné la satisfaction de m'entretenir quelques instants avec toi; mais je ne comprends pas encore comment une promenade en calèche dans ces belles campagnes peut te paraître fastidieuse.

— Et comment ne le serait-elle pas? On n'aperçoit personne que des paysans occupés à piocher la terre, ou de grosses paysannes qui vous regardent d'un air hébété en vous faisant gauchement la révérence. Quelle différence avec mes promenades au bois de Boulogne, il y a seulement deux à trois mois ! Tout le long des boulevards, des Champs-Élysées, de l'avenue de l'Impératrice, et dans les allées du bois autour des lacs, et jusqu'à l'hippodrome de Longchamp, on ne rencontre qu'équipages et costumes plus élégants les uns que les autres, que brillantes cavalcades d'écuyers et d'amazones qui luttent ensemble d'adresse et de bonne grâce. On se suit, on se croise, on se revoit à plusieurs reprises, on échange des saluts entre gens de connaissance; on cause, on passe en revue les toilettes; on critique les unes, on fait l'éloge des autres; on rentre avec une provision de nouvelles et d'anecdotes pour alimenter toute la soirée. Voilà ce qui s'appelle des promenades, et non pas ces courses maussades que je fais ici à travers les champs, d'où je rentre plus ennuyée que quand j'étais partie. Ma soirée est encore plus triste que le reste de la journée; je me couche de bonne heure pour me lever tard, parce que le temps que je consacre au sommeil est celui où je m'ennuie le moins.

— Ce que tu viens de me dire m'afflige, répondit Élise d'un ton grave, et m'ôte l'envie de plaisanter, comme je le faisais tout à l'heure. Oui, tu es malade, plus malade que je ne le croyais, et je ne voudrais pas pour toute ta fortune, moi qui suis pauvre relativement à toi, ni même pour une fortune dix fois plus considérable, être condamnée à mener une existence semblable à la tienne.

— Tu comprends enfin que je suis réellement malade ; voyons, cher docteur, hâte-toi de m'indiquer le remède que tu m'as promis.

— Tu as besoin, ma chère Céline, d'un traitement énergique ; mais, pour qu'il produise de l'effet, il faut apporter dans l'administration de ce traitement une volonté ferme et persistante ; autrement tu retomberais bientôt dans le même état, et une rechute pourrait rendre le mal incurable. Mais laissons là la métaphore et allons directement au fait. Tu dois reconnaître, comme je te le disais tout à l'heure, que les moyens employés par toi jusqu'ici pour combattre l'ennui ne sont pas convenables, puisqu'ils ne produisent aucun effet, ou même qu'ils produisent un effet tout contraire à celui que tu t'en promettais. Il faut donc avoir recours à des moyens tout opposés, c'est-à-dire qu'il faut changer de fond en comble ton genre de vie ; mais pour changer ses habitudes et en contracter de nouvelles, il faut s'armer d'une résolution inébranlable ; c'est la première condition, mais aussi la condition infaillible du succès. Te sens-tu capable de t'y soumettre ?

— Je le crois..., si pourtant cela n'est pas trop difficile.

— Allons ! voilà que tu t'effrayes déjà ! Tu ressembles à ces malades qui ne consentent à avaler un médicament qu'à condition qu'il n'aura aucun mauvais goût. Mais sois tranquille ; je ne veux rien te proposer d'impossible ; je ne veux, au contraire, te prescrire que des choses faciles, qui peut-être te paraîtront un peu pénibles en commençant, mais dont les difficultés disparaîtront dès la seconde ou la troisième fois, et que tu finiras par trouver agréables.

— Mais avant de me tracer le plan d'un nouveau genre de vie, fais-moi connaître le tien : puisqu'il réussit si bien, ne pourrais-je pas le suivre comme toi et en obtenir les mêmes résultats ?

— Je veux bien, ma chère Céline, te faire part de mon genre de vie, qui aura nécessairement quelque rapport avec celui que je te proposerai ; mais il y aura aussi de grandes différences, parce que nous ne sommes pas l'une et l'autre dans les mêmes conditions de fortune et de position sociale. Toi, tu es fille unique d'un riche gentilhomme, et tu es appelée par ta fortune et ta naissance à occuper un rang distingué dans la société ; moi, je suis la fille d'un ancien officier, qui n'a pour toute fortune que sa pension de retraite, cette maison que nous habitons et les quelques arpents de terre qui l'entourent. J'ai besoin de travailler, non pas précisément pour vivre, car avec nos goûts modestes, nos petits revenus suffisent amplement à nos besoins, mais pour procurer à mon père quelques unes de ces superfluités auxquelles il était accoutumé quand il jouissait d'une plus grande aisance, puis aussi pour mettre quelque chose de côté et parer à des besoins imprévus. (Elle aurait pu ajouter : « et pour soulager en secret la misère de quelques pauvres familles ; » mais on comprend sa réserve.) Ainsi l'obligation où je suis de consacrer une partie de mon temps à un travail salarié ne saurait exister pour toi ; et cependant je ne veux pas dire que tu doives te regarder comme exempte de tout travail, soit manuel, soit intellectuel ; car le travail est le moyen le plus efficace de combattre l'ennui. Ces préliminaires posés, j'arrive à mon genre de vie, que je veux t'expliquer en peu de mots. Je me lève en hiver à six heures, et, dans la saison où nous sommes, à cinq heures du matin. Je m'habille, je fais ma prière, puis mon lit, puis le petit ménage de ma chambre; car personne que moi n'y met la main. S'il fait beau, je vais faire un tour dans le jardin, respirer le parfum des fleurs, qui n'est jamais plus suave qu'à cette heure matinale; j'en cueille quelques-unes, comme je te l'ai dit, je les arrange dans des vases, puis à six heures je me mets à l'ouvrage, jusqu'à huit. Alors je fais mon premier déjeuner, qui consiste en une tasse de lait froid en été, chaud en hiver. Je travaille ensuite sous la direction de mon père, pendant une heure ou une heure et demie, à me perfectionner dans les différentes parties de l'instruction que l'on ne fait qu'effleurer à la pension, telles que l'histoire, la géographie, la littérature, l'arithmétique, etc.; puis je me remets à mon travail de couture jusqu'à midi, heure du second déjeuner. Après ce repas, je vais visiter nos abeilles, la basse-cour, où j'élève des poussins; le colombier, où nous avons une douzaine de paires de beaux pigeons. Mon père va passer ses après-midi avec quelques vieux camarades; moi, je me remets à l'ouvrage, que je suspens au bout d'un certain temps pour dessiner, ou pour lire et préparer la leçon que mon père me donnera le lendemain. Vers quatre heures, je fais une légère collation; puis je me remets au travail jusqu'à six heures et demie, heure de notre dîner. Dès lors je ne travaille plus; je vais me promener avec mon père, ou bien je vais visiter mon parterre, je sarcle les mauvaises herbes, je remue la surface de la terre au pied des fleurs, je les arrose, j'enlève les petites pierres, je fais la chasse aux limaçons, aux chenilles, aux insectes qui dévorent ces plantes délicates. Le reste de la soirée, je fais quelquefois un peu de musique; je chante des airs que mon père aime; puis, à neuf heures et demie, je me retire dans ma chambre, je fais ma toilette de nuit, ma prière, et à dix heures je suis couchée. Eh bien, ma chère, tu vois que ma journée est parfaitement remplie et qu'il n'y a pas la plus petite place pour l'ennui; et le soir venu il se trouve que j'ai fait passablement d'ouvrage, appris beaucoup de choses, et, de plus, que je me suis beaucoup amusée.

— Mais quand vient le dimanche, toi si laborieuse, tu dois bien un peu t'ennuyer.

— Pas plus que les autres jours de la semaine. Ce jour-là, le travail et les études sérieuses sont remplacés par l'assistance aux offices de la paroisse, par des lectures pieuses, par des promenades dans la campagne, ou par quelques visites aux familles du voisinage avec lesquelles mon père est lié.

— Mais pour agir avec cette ponctualité, tu as sans doute un règlement écrit comme à la pension. Précisément c'est cette règle qui m'était insupportable, comme je te l'ai dit tout à l'heure; le moment le plus heureux de ma vie a été celui où j'ai pu m'en affranchir, et si c'est quelque chose de semblable que tu as à me proposer, je ne vois pas comment ce moyen pourrait détruire l'ennui dont je me plains; car jamais je ne me suis plus ennuyée qu'à la pension, précisément à cause de ce maudit règlement auquel j'étais soumise.

— D'abord, ma chère Céline, je n'ai point de règlement écrit pour diriger les diverses actions de ma journée; je ne veux pas dire pour cela que j'agis sans aucune règle; seulement ce n'est pas la règle stricte et invariable d'une pension ou d'un couvent; ce sont des habitudes de régularité que j'ai librement et volontairement contractées, et auxquelles je tiens essentiellement parce que je les crois nécessaires, indispensables même, au bonheur de la vie. Ainsi tu as tort de supposer que j'aie l'intention de te proposer un règlement écrit, que je t'imposerais en quelque sorte comme une loi; non, je n'y ai jamais songé; je veux seulement t'engager à contracter toi-même volontairement, librement, comme je l'ai fait, des habitudes régulières en rapport avec tes goûts, tes penchants et ta situation sociale. Seulement, avant de prendre cette détermination, il faut que tu en sentes invinciblement la nécessité. Comme il serait difficile, dans une simple conversation, d'aborder et de traiter à fond une question aussi grave, je t'écrirai, si tu le désires, mes réflexions à ce sujet. Je te les enverrai dans deux ou trois jours; tu les liras avec attention; puis, si tu te sens disposée à suivre mes conseils, tu reviendras me voir, nous causerons ensemble, et je t'aiderai à fixer tes résolutions.

— Tiens, ton idée me plaît, ma chérie. Voyons, mon beau docteur, écris-moi le plus tôt possible ta consultation ; je te promets de la méditer avec toute l'attention dont je suis capable ; ce n'est pas beaucoup dire, il est vrai, car on m'a toujours reproché mon défaut d'attention ; mais comme j'ai confiance en toi, et que je tiens à me guérir de mon mal d'ennui, tu peux être assurée que je lirai ton écrit avec une application et un soin dont tu reconnaîtras la preuve la première fois que nous nous reverrons. Sur ce, je te quitte, ne voulant pas abuser plus longtemps de tes instants, ni te faire commettre une infraction au règlement que tu t'es imposé.

— A cet égard, sois sans crainte. Je te l'ai déjà dit, ma règle n'est pas celle d'un couvent, et mes mouvements ne sont pas mesurés à la minute par le son d'une cloche, comme cela est nécessaire dans une communauté ou dans un pensionnat ; les habitudes de régularité que j'ai contractées, et que je désire te voir prendre, n'ont point cette inflexibilité monacale ; elles se plient sans difficulté aux exigences de la vie sociale, et reviennent sans effort à leur état ordinaire.

— Allons, beau docteur, tu veux me dorer la pilule; dans tous les cas, toi seule es capable de me la faire avaler. Adieu, ou plutôt au revoir. »

Et les deux amies s'embrassèrent. L'opulente Céline remonta en calèche et reprit le chemin de Briancourt, tandis qu'Élise se remettait à son ouvrage, tout en méditant sur l'engagement qu'elle venait de prendre envers son amie.

CHAPITRE II

La petite fée.

L'entretien que nous avons rapporté dans le chapitre précédent pourrait, à la rigueur, nous dispenser d'entrer dans des détails plus étendus sur les principaux personnages qui figurent ou dont il est question dans cette conversation. En effet, nous savons déjà que Mlle Céline de Briancourt est une riche héritière, et nos lecteurs ont deviné qu'elle avait été gâtée également par ses parents et par la fortune. Peut-être trouvera-t-on extraordinaire qu'une jeune personne à cet âge, dix-huit ans à peine, riche et assez belle, se montre déjà ennuyée et blasée sur tout ; malheureusement c'est ce qui arrive trop souvent aux jeunes filles dont l'éducation n'a pas été surveillée avec soin, et qui, sorties de pension sans instruction solide, sans principes religieux et moraux fortement arrêtés, sans même aucun goût prononcé pour quelque talent d'agrément, sont lancées prématurément dans le monde, et en quelque sorte abandonnées à elles-mêmes. Car M. de Briancourt, quoique idolâtrant sa fille, n'avait pas le temps de s'en occuper; et, comme depuis longtemps elle avait perdu sa mère, il lui avait donné pour chaperon la veuve d'un de ses anciens associés dans les affaires, Mme Legay, femme vertueuse, instruite, mais faible; elle craignait par-dessus tout de déplaire à son élève, et quoiqu'elle fût incapable de lui donner de mauvais conseils, souvent elle n'osait pas lui en donner de bons, de peur de la contrarier.

M. de Briancourt, malgré sa tendresse pour Céline, ne s'aveuglait pas sur ses défauts; mais il ne s'en inquiétait pas. Bah! se disait-il, cela ne l'empêchera pas d'être un des plus riches partis de Paris, et j'aurai à choisir mon gendre parmi ce qu'il y a de mieux dans la jeunesse française.

Nous savons aussi qu'Élise Rouvière, l'amie de Céline, était la fille d'un officier supérieur en retraite. Le commandant Rouvière, ancien chef d'escadrons d'artillerie, officier de la Légion d'honneur, avait été élève de l'École polytechnique, et s'était montré un des sujets les plus distingués de cette école. Malheureusement, pendant sa dernière année d'école (c'était sous le règne de Louis XVIII), il se trouva compromis dans une émeute, à la suite de laquelle il fut renvoyé à sa famille, et perdit tous les avantages que devaient lui procurer son admission et ses travaux à l'école. Il s'engagea quelques années plus tard comme simple soldat dans un régiment d'artillerie; bientôt sa bravoure, ses connaissances et sa bonne conduite le firent remarquer; il obtint rapidement les grades inférieurs; mais il ne put arriver au rang d'officier qu'après huit ans de service, grade qu'il aurait obtenu dix ans plus tôt s'il avait fini son temps à l'école. Il fit une partie des campagnes d'Afrique, pendant lesquelles il gagna sa décoration et ses différents grades sur le champ de bataille. Arrivé au rang de chef d'escadrons, il demanda à rentrer en France pour veiller de plus près à l'éducation de sa fille, seule enfant qu'il eût eue d'un mariage qu'il avait contracté à Toulouse, pendant qu'il se trouvait en garnison dans cette ville.

Le commandant Rouvière avait, de son chef et de celui de sa femme, une petite fortune en immeubles; il les vendit, à l'exception d'une petite maison et de quelques pièces de terre aux Andelys, et il plaça ses capitaux dans une grande opération de banque et de commerce, afin d'en tirer un revenu plus considérable. Tout alla bien pendant plusieurs années : il touchait régulièrement douze à quinze pour cent du capital de ses actions dans l'entreprise à laquelle il s'était associé. Se croyant désormais possesseur d'une fortune assurée, il mit sa maison sur un grand pied, donna et reçut des dîners splendides, car le commandant aimait la bonne chère; puis il plaça sa fille dans un des premiers pensionnats de Paris. Heureusement Élise, pendant tout le temps qu'elle resta en pension, se signala par son application, sa docilité, et surtout sa piété. Également aimée de ses maîtresses et de ses camarades, jamais la bienveillance des premières envers elle n'excita la jalousie des secondes. Chaque année, à la distribution des prix, elle était toujours chargée de couronnes. Le commandant ne manquait jamais d'assister en grande tenue à ces réunions. Comme il était fier des applaudissements que recevait sa fille! Il fallait voir, à la fin de la séance, avec quelle joie triomphante il prenait le bras de sa fille, tandis qu'il plaçait sous son autre bras les livres et les couronnes qu'elle venait de recevoir! puis il traversait la salle la tête haute, promenant des regards heureux sur toute l'assemblée, et emmenait Élise, qui baissait les yeux, et qui rougissait de modestie et de bonheur.

Ces jours-là étaient l'occasion d'une grande fête, c'est-à-dire d'un grand repas chez le commandant Rouvière, qui invitait ses nombreux amis à célébrer le triomphe de sa fille.

Cependant le commandant Rouvière, ayant atteint l'âge de prendre sa retraite, et sentant d'ailleurs que ses infirmités, suite de ses blessures et des fatigues de la guerre, le rendaient impropre à continuer le service actif, demanda et obtint la liquidation de sa pension de retraite. C'était une diminution dans ses revenus; mais elle était largement compensée par l'augmentation que venait de recevoir le dividende de ses actions dans la compagnie commerciale où il avait placé ses fonds. Il ne changea donc rien à son train de vie ordinaire; mais un jour il reçut une fatale nouvelle : sa compagnie financière avait déposé son bilan ! le gérant et le directeur étaient en fuite ! les actionnaires perdaient tout !

Ce coup fatal étourdit un instant M. Rouvière ; mais comme c'était un homme d'énergie, il eut bientôt pris son parti. Il vendit une partie de son mobilier et de ses chevaux, qu'il avait conservés depuis qu'il n'était plus en activité ; il renvoya tous ses domestiques, à l'exception de son brosseur et de son cuisinier ; il prit un appartement beaucoup moins cher ; enfin il songea à retirer sa fille de pension, quoiqu'elle n'eût pas encore achevé son éducation ; mais avant de prendre cette résolution, il voulut consulter Élise elle-même.

Élise, quoique jeune encore (elle n'avait pas dix-sept ans), était douée d'une raison bien au-dessus de son âge, et d'une énergie qui ne le cédait point à celle de son père. Elle écouta avec calme, ou du moins avec une émotion parfaitement contenue, le récit que lui fit son père du désastre qu'il avait éprouvé, et des mesures qu'il avait prises ou qu'il se proposait de prendre pour en atténuer les effets. Au nombre de ces dernières mesures était le projet de la retirer de sa pension.

« Et pourquoi, dit-elle à son père, avez-vous hésité à le mettre à exécution ?

— Parce que tu n'as pas encore terminé ton éducation.

— Eh bien ! ne la terminerai-je pas bien auprès de vous ? Je vous ai souvent entendu vous plaindre de ce que les exigences du service ne vous permettaient pas de vous occuper vous-même de mon instruction ; maintenant que vous n'êtes plus soumis à ces exigences, ne pouvez-vous consacrer un peu de vos loisirs à donner à votre fille des leçons qu'elle sera si heureuse de recevoir, et dont elle profitera, je vous en réponds ? »

Le commandant ne demandait pas mieux, et il fut enchanté de trouver sa fille dans ces dispositions. Dès le jour même elle quitta sa pension et vint s'installer chez lui.

M. Rouvière était fort instruit, et Élise trouva en lui un professeur qui lui fit faire en peu de mois plus de progrès qu'elle n'en eût fait en deux années à la pension.

Tout en continuant ses études, Élise s'occupait du ménage de son père. Elle trouvait que, malgré les réformes opérées par le commandant, les dépenses excédaient les revenus. Elle résolut de travailler peu à peu à de nouvelles réformes, qui permissent enfin d'équilibrer le budget. Elle obtint d'abord de remplacer le cuisinier par une bonne cuisinière. M. Rouvière se défendit sur ce point; mais elle lui fit entendre qu'un *cordon bleu* valait bien un chef, que c'était moins dispendieux, et surtout plus convenable dans une maison où elle se trouvait seule de son sexe; sans cela elle serait obligée de prendre une femme de chambre, ce qui augmenterait encore la dépense. Le commandant se rendit à ces raisons, surtout à la dernière.

Voilà donc la nouvelle cuisinière installée. Élise voulut apprendre d'elle à préparer quelques-uns des mets favoris de son père. Bientôt, aidée des conseils de Jeannette et des instructions qu'elle trouvait dans le *Manuel du cuisinier*, ou dans les ouvrages de Carême, elle fit de rapides progrès dans l'art gastronomique. Jeannette était émerveillée de ses progrès, et toute fière d'avoir formé une élève aussi capable. Un jour que le commandant traitait quelques amis, Élise demanda avec instance à la cuisinière de la laisser seule préparer le dîner. Celle-ci y consentit sans peine. Élise se mit aussitôt à l'œuvre; le dîner fut cuit à point et trouvé excellent. A la fin du repas, M. Rouvière fit appeler Jeannette pour la complimenter devant ses convives. La cuisinière reçut en souriant d'un air narquois les éloges qui lui étaient adressés; puis elle répondit: « Merci, mon commandant; mais ces compliments pour aujourd'hui ne m'appartiennent pas, et je les rends à celle qui les mérite, ajouta-t-elle en se tournant du côté d'Élise; c'est à mademoiselle qu'ils reviennent, car c'est elle seule qui aujourd'hui a été votre cuisinière; moi, je n'ai eu qu'à me croiser les bras et à la regarder faire.

— Comment! s'écria M. Rouvière au comble de la surprise, c'est toi, petite, qui as fait notre dîner! Voilà un talent que je ne te soupçonnais pas, et dont je suis enchanté; mais où as-tu donc appris à faire la cuisine? ce n'est pas à la pension, que je sache.

— Non, mon père; tout ce que je sais, je l'ai appris de Jeannette; ainsi vos compliments de tout à l'heure lui étaient bien dus; car, si j'ai réussi, c'est d'après les leçons qu'elle m'a données, et c'est elle qui en réalité a fait votre dîner..., par mes mains.

— Bien, Mademoiselle, dit le vieux colonel

Dubouchat, un des convives, la modestie sied toujours au talent; mais nous savons à quoi nous en tenir. Eh bien! mon vieux camarade, continua-t-il en s'adressant au commandant, te voilà maintenant avec deux excellentes cuisinières; tu n'es pas mal partagé, j'espère! Si par hasard il te prenait fantaisie de n'en garder qu'une, je te prie de penser à moi et de me céder l'autre, n'importe laquelle; je la retiens d'avance à mon service. »

A compter de ce jour, le commandant voulut avoir à tous ses repas un mets de la façon de sa fille, et c'était toujours celui qu'il trouvait le meilleur.

En apprenant à faire la cuisine, Élise s'était proposé un double but : d'abord elle regardait ce talent comme très utile chez une femme, dans quelque position qu'elle se trouve. Si son peu de fortune ne lui permet pas d'avoir de domestique, au moins elle sait apprêter la nourriture de la famille d'une manière saine, convenable et économique; si elle est dans une condition de fortune plus relevée, si même elle a à son service cuisinier et maître d'hôtel, elle ne mettra pas sans doute la main à l'œuvre; mais elle saura ordonner avec discernement, juger la capacité des gens qu'elle emploie, veiller à ce que tout se fasse avec propreté et sans gaspillage.

L'autre but qu'avait eu en vue Élise était beaucoup plus important à ses yeux, et, pour ainsi dire, plus actuel. Elle n'avait pas tardé à s'apercevoir que, malgré les réformes introduites dans la maison, les dépenses tendaient sans cesse à dépasser les recettes, et les dépasseraient effectivement bientôt. On n'avait pas encore eu à souffrir de cette situation menaçante, grâce à l'argent qu'avait produit la vente des chevaux et d'une partie du mobilier; mais cette ressource touchait à sa fin ; bientôt on n'aurait plus pour vivre que les arrérages de la pension de retraite du commandant. Or cette pension, avec le traitement d'officier de la Légion d'honneur, atteignait à peu près au chiffre de 4,000 francs; le loyer, les gages des domestiques, le chauffage, l'éclairage, le blanchissage et d'autres menus frais, absorbaient 2,000 francs au moins; restaient donc 2,000 francs pour la nourriture, et nous avons vu que le commandant continuait à traiter de temps en temps ses amis, moins souvent, il est vrai, et en moins grand nombre qu'autrefois; mais cette dépense à elle seule ne s'élevait pas en moyenne à moins de quinze francs par jour, soit 5,475 francs par an; or, comme il ne restait que 2,000 francs pour couvrir cette dépense, le déficit, dès la première année, serait de 3,475 francs.

Élise, après avoir bien réfléchi sur cette situation, en dressa un tableau simple, clair, détaillé, et qui présentait le résultat que nous venons d'indiquer. Elle le mit résolument sous les yeux de son père, en le priant de vouloir bien y jeter un coup d'œil. Rien n'est plus éloquent que les chiffres, et ce n'était pas un ancien élève de l'École polytechnique, un officier d'artillerie qui pouvait en méconnaître le langage. Il n'avait pas songé jusqu'à présent à faire ce calcul, ou peut-être, s'il y avait songé, l'avait-il repoussé comme une pensée importune et qu'il remettait toujours au lendemain. Il fut frappé de stupeur à la vue de cette conclusion terrible, formulée d'une manière si nette, si irréfutable. Puis, après quelques instants de réflexion, il releva la tête, et, regardant sa fille, il lui dit: « Tu as bien fait, mon enfant, de m'avertir avant que j'eusse mis le pied dans le bourbier où j'allais m'enfoncer.

Voyons, prévenons le mal pendant qu'il en est encore temps, et commençons par réformer la cuisine ; car, je le vois, c'est là que le bât nous blesse le plus fort. Je vois maintenant, petite rusée, pourquoi tu as appris à faire la cuisine : c'était pour remplacer Jeannette ; est-ce vrai, ou non ? dis-le-moi.

— Eh bien, oui, mon père, c'est vrai.

— En ce cas, je te prends pour mon cordon bleu, et j'envoie Jeannette au colonel Dubouchat, qui m'en parlait encore hier ; voilà déjà 400 francs d'économie sur ses gages, sans compter sa nourriture. Puis, au lieu d'un appartement de 1,200 francs, nous en prendrons un de 800 ; encore 400 francs d'épargnés. Enfin je supprimerai complètement mes invitations à dîner, ce qui réduira notre dépense de nourriture juste de moitié, ainsi que je le vois dans ton tableau. Voici donc mon nouveau compte : Ton premier article, qui se montait à 2,000 fr., se trouve réduit à 1,200 ; le second, qui était de 5,475, ne sera plus que de moitié, c'est-à-dire de 2,737 francs 50 centimes. Or, en additionnant cette dernière somme avec la première, qui est de 1,200 francs, je trouve pour nos dépenses à venir un total de 3,937 francs

50 centimes; et comme ma pension s'élève à environ 4,000 francs, sans compter le revenu de notre petit domaine des Andelys, qui, il est vrai, ne se loue que difficilement, notre budget se trouve, comme tu vois, en équilibre, avec un *boni* de 62 francs 50 centimes. Eh bien, qu'en dis-tu, mon brave économe ?

— Je dis que 62 francs 50 centimes sont bien peu de chose pour parer à l'imprévu.

— Voyons, donne-moi ton avis; s'il est bon, je te promets de le suivre.

— Quoi! c'est sérieusement, mon père, dit Élise en souriant, que vous désirez savoir mon avis?

— Très sérieusement, reprit le père d'un ton grave.

— En ce cas, je vous dirai que je ne regarde pas la réforme que vous proposez comme suffisante. Tout augmente journellement de prix à Paris, loyer, denrées et fournitures de toute espèce, et il pourrait bien arriver que, malgré les privations que vous vous imposez aujourd'hui, vous vous trouvassiez dans peu de temps aux prises avec une nouvelle gêne. J'ai à vous proposer un moyen plus radical, qui vous mettrait pour le reste de vos jours à l'abri du besoin, tout en vous permettant de conserver une bonne partie de vos habitudes.

— Et quel est ce moyen? je suis curieux de le connaître.

— Ce serait de quitter Paris. Vous parliez tout à l'heure de notre petite propriété des Andelys et de la difficulté que vous trouvez à la louer à un seul locataire, parce que la maison d'habitation ne convient qu'à un bourgeois qui ne veut pas se charger des terres, tandis qu'un fermier ne veut prendre les terres qu'à condition de ne pas se charger de la maison, qui ne saurait convenir à une exploitation rurale. Eh bien! allons habiter cette maison; vous affermerez plus facilement vos terres quand vous serez sur les lieux. Nous n'aurons plus de loyer à payer; nous aurons un joli jardin, qui nous rapportera des fruits et des légumes plus qu'il ne sera nécessaire pour notre consommation; je pourrai cultiver des fleurs que j'aime tant. Vous emmènerez Pierre, votre brosseur, qui vous est si dévoué, et à qui vous êtes attaché parce qu'il vous a suivi dans une partie de vos campagnes. Il a été jardinier, je crois, avant d'être soldat; il pourra se charger de la culture du jardin. Là, la nourriture est beaucoup moins chère qu'à Paris; avec moitié moins de dépense, vous pourrez avoir une table mieux servie. La Seine, qui coule à deux pas de notre habitation, nous fournira toujours d'excellent poisson frais. Les lapins de garenne et toute espèce de gibier abondent sur les coteaux voisins, et vous pourrez facilement vous livrer à l'exercice de la chasse. Rien ne vous empêchera même d'avoir un cheval, dont la nourriture vous coûtera peu de chose et qui sera soigné par Pierre. Vous vous plaignez souvent, depuis que vous avez vendu vos chevaux, de ne plus pouvoir vous livrer à l'équitation; vous pourrez alors reprendre cet exercice, auquel vous êtes habitué, et qui est nécessaire à votre santé. Nous pourrons même avoir un cabriolet, ou tout au moins une carriole dans laquelle vous me mènerez promener quelquefois, et qui me servira le dimanche, quand il fera mauvais temps, pour aller entendre la messe à l'église paroissiale, assez éloignée de notre habitation. Enfin la bonne mère Marguerite, ma nourrice, qui m'aime tant, viendra faire le gros du ménage, laver la vaisselle, lessiver le linge, etc.; et moi, je vous ferai de bonne cuisine, meilleure qu'à Paris, je vous le promets. Eh bien!

que dites-vous de mon projet, petit père?

— Je dis qu'il est séduisant sous plus d'un aspect ; mais il offre aussi de graves inconvénients. D'abord, pour toi-même, j'aurais de la répugnance à t'enterrer, à ton âge, dans un pays perdu, où tu t'ennuierais peut-être bientôt, et qui te ferait regretter Paris...

— Oh! n'ayez pas cette crainte; Paris n'a pour moi aucun attrait, tandis que j'ai conservé le plus précieux souvenir de ce charmant pays où j'ai passé ma première enfance, et il me semble que je serai heureuse de l'habiter avec vous.

— Mais moi, je n'y connais plus personne. Quoique je sois né dans ce pays, je l'ai quitté si jeune, que j'y serais tout à fait comme un étranger. Ce seraient de nouvelles connaissances à faire, de nouvelles habitudes à prendre, et à mon âge c'est assez ennuyeux.

— J'en conviens jusqu'à un certain point; mais puisque vous êtes décidé à cesser de voir vos anciennes connaissances, ou du moins à rompre certaines habitudes que vous avez contractées avec elles, ce sera quelque chose de bien plus pénible encore. Vous dites que vous ne connaissez personne là-bas; mais chacun vous y accueillera avec empressement. Votre grade, votre titre d'enfant du pays, vous placeront sur-le-champ aux premiers rangs de la société; le maire, le sous-préfet, le président du tribunal, toutes les notabilités de l'endroit se feront un honneur et un plaisir de vous recevoir; puis vous retrouverez là d'anciens officiers de l'armée, peut-être des compagnons d'armes, avec lesquels vous pourrez causer de vos campagnes. Tous les matins vous ferez une course à cheval dans ces champs, dans ces prairies verdoyantes, où vous respirerez un air bien autrement pur qu'à Paris; puis vous rentrerez armé d'un formidable appétit pour le déjeuner, que j'aurai soin de vous tenir tout prêt pour votre retour. Enfin, si par hasard vous veniez à vous y ennuyer par trop, rien ne vous empêcherait de revenir à Paris; alors les habitudes que vous avez contractées ici se seraient trouvées rompues pendant votre absence, et vous pourriez aborder plus facilement qu'aujourd'hui un genre de vie plus économique que celui que nous menons à présent. Mais une fois que vous aurez goûté de la vie des champs et respiré l'air natal, je doute que pareille fantaisie vous revienne.

— Je t'écoute babiller, et c'est un plaisir de t'entendre, dit en souriant M. Rouvière; c'est vraiment dommage que tu ne sois pas un garçon: tu aurais fait un excellent avocat.

— Allons, reprit Élise d'un petit air boudeur, je vous parle sérieusement, et au lieu de me répondre de même, voilà que vous vous moquez de moi.

— Mais non, je ne me moque pas; je t'assure que tu défends ta cause à merveille, et que tu pourrais bien finir par la gagner.

— Vrai! oh! permettez, mon petit père, que je vous embrasse pour cette bonne parole! » Et en disant ces mots elle embrassa son père; puis elle se mit à chanter le refrain de cette chanson si connue:

J'irai revoir ma Normandie,
C'est le pays qui m'a donné le jour.

« Mais non, petite sirène, reprit en riant son père, tu n'es pas Normande; toi, tu es née à Paris, et ta mère était de Toulouse.

— Oui, mais j'ai été nourrie et élevée dans ce pays-là, puisque vous y êtes né; j'ai donc droit de le regarder comme ma véritable patrie; et, si vous refusez de m'y ramener, vous serez cause que je serai atteinte du mal du pays ou de la nostalgie, comme disent les médecins. Voyons, mon bon père, que décidez-vous?

— Une affaire aussi importante ne se décide pas ainsi *ex abrupto*, et tu me laisseras bien le temps de réfléchir. Je te demande jusqu'à demain pour te donner une réponse. »

La réponse, comme on le pense bien, fut favorable, et quinze jours après le commandant Rouvière et sa fille venaient s'installer dans une jolie maisonnette située au Petit-Andely, près de la route qui conduit à Vernon. La situation était vraiment délicieuse. La maison était construite au pied du mamelon au-dessus duquel se dressent les ruines imposantes du Château-Gaillard, cette forteresse construite par Richard Cœur-de-Lion, et à laquelle se rattachent tant de souvenirs historiques et d'intéressantes légendes[1]. Des

---

[1] Ce château fut construit, en 1196, par Richard Cœur-de-Lion, roi d'Angleterre et duc de Normandie, pour défendre l'entrée de la vallée des Andelys contre les incursions des Français. En 1204, après la mort de Richard, le château fut assiégé et pris par Philippe-Auguste. La perte de Château-Gaillard entraîna la prise de Rouen, et mit fin pour cette époque à la domination anglaise sur le duché de Normandie.

croisées de la façade principale on apercevait
une partie du cours de la Seine, entrecoupé
de charmantes îles, et dont les rives sont bordées de coteaux, les uns boisés et cultivés jusqu'au sommet, les autres dénudés et élevant
leurs masses rocheuses comme des murailles
gigantesques construites par des Titans. Plus
près, sur la droite, à l'entrée du vallon, on
découvrait presque en entier la ville du Petit-
Andely, qui reflète dans la Seine ses constructions anciennes et nouvelles, ses fabriques de
draps, son hôpital à l'architecture noble et
simple, fondation du vertueux duc de Penthièvre, ses jardins aux arbres séculaires, et
son joli clocher, long et pointu comme une
vieille lance de chevalier, surmonté du coq
symbolique, qui semble toujours prêt à jeter
au vent son chant sonore et matinal.

L'intérieur de la maison avait quelque chose

En 1312, Marguerite de Bourgogne, épouse de Louis le
Hutin, et sa belle-sœur, Blanche, épouse de Charles le Bel,
toutes deux convaincues d'adultère, furent condamnées à être
enfermées dans le Château-Gaillard, après avoir assisté au
supplice de leurs complices, les deux frères Philippe et
Gauthier d'Aulnay, qui furent torturés et décapités. Plus tard
Marguerite de Bourgogne y fut étranglée, par ordre de son
mari; et Blanche, après y avoir passé sept ans, fut transférée à l'abbaye de Maubuisson, où elle mourut.

de triste et de froid, à l'arrivée des maîtres, comme cela a lieu pour toute habitation longtemps abandonnée ; mais grâce au courage, au bon goût et à l'activité d'Élise, tout eut bientôt changé d'aspect, et devint propre, frais, on pourrait presque dire élégant et coquet. Comme l'avait prévu Élise, son père s'habitua promptement à cette résidence et à son nouveau genre de vie, et au bout de six mois non seulement il ne parlait plus de retourner à Paris, mais on lui eût offert de l'y ramener et de l'y établir dans la position qu'il occupait au temps de sa prospérité, qu'il aurait certainement refusé. Parfois il s'en étonnait lui-même, et il disait gaiement en parlant de sa fille : « C'est pourtant cette petite fée qui m'a ainsi métamorphosé. »

La petite fée avait bien fait d'autres miracles, dont il ne parlait pas et que même il ignorait. Ayant connu dans sa fille une grande aptitude à tenir une comptabilité, le commandant lui avait confié la gestion entière de ses affaires et de ses revenus. A force d'ordre et d'économie, elle était parvenue à mettre la maison sur un pied tel que, tout en menant une existence honorable, au bout de quelques mois M. Rouvière se trouva avoir fait assez d'économies pour acheter un cheval et un cabriolet, et se donner les jouissances qu'aurait pu procurer une fortune beaucoup plus considérable que la sienne. Il est vrai qu'Élise, dans la vue d'augmenter leurs ressources, s'était mise à travailler avec ardeur à des ouvrages de broderie et de lingerie fine que lui envoyait de Paris l'ancienne maîtresse de couture de la pension où elle avait été élevée, et qui était maintenant à la tête d'un des premiers établissements de lingerie de la capitale.

Elle faisait trois parts du produit de son travail: l'une était employée à grossir l'épargne qu'elle faisait sur les revenus généraux, afin de pourvoir aux dépenses imprévues que pourraient occasionner quelques événements extraordinaires; l'autre servait à procurer à son père quelques objets de fantaisie qu'elle savait devoir lui plaire, et qui acquéraient à ses yeux une valeur inestimable lorsqu'il les recevait des mains de sa fille; la troisième était consacrée, comme nous l'avons déjà donné à entendre, à des œuvres de charité.

En peu de temps, plus d'un pauvre malade, plus d'un vieillard infirme, plus d'une mère indigente chargée d'une nombreuse famille, apprirent à bénir le nom d'Élise Rouvière, et à invoquer sur elle les bénédictions de Dieu, seul témoignage de reconnaissance qu'elle leur permît de lui donner.

Nous ajouterons, ce qui du reste ne surprendra aucune de nos lectrices, qu'aux vertus et aux qualités que nous venons de signaler dans Élise, elle joignait un grand fonds de piété, et qu'elle pratiquait régulièrement ses devoirs religieux, sans ostentation comme sans respect humain. Mais ce qui surprendra davantage, c'est que par son exemple, par ses paroles insinuantes, par ses caresses, elle avait décidé son père, qui depuis plus de trente ans peut-être n'avait pas mis le pied dans une église, à moins que ce ne fût pour son service, à l'accompagner à la messe d'abord le dimanche, puis quelquefois dans la semaine; enfin, à force de lui parler du bonheur qu'on éprouvait à pratiquer la religion, elle l'avait déterminé à s'approcher des sacrements et à faire ses pâques. Et cette fois le vieux guerrier répétait avec émotion : « C'est pourtant encore cette petite fée, ou plutôt cet ange, qui a opéré ce miracle. »

CHAPITRE III

Conseils d'Élise à Céline sur l'emploi du temps.

Élise avait pris au sérieux l'engagement qu'elle avait contracté avec Céline. Malgré la différence très notable de caractères, de goûts, d'habitudes, qui existait entre ces deux jeunes personnes, une amitié sincère les unissait. Ces contrastes ne sont pas toujours une cause de froideur ou d'éloignement; souvent, au contraire, ils déterminent un rapprochement qui paraît extraordinaire aux yeux d'un observateur superficiel, et qui cependant est facile à expliquer.

Élise, comme nous l'avons déjà dit, était aimée de toutes ses compagnes de la pension, ainsi que de ses maîtresses. Sa douceur, l'égalité de son caractère, une certaine gravité dans le maintien qui n'excluait pas à l'occasion une gaieté franche et communicative, et tant d'autres qualités que nous avons eu déjà occasion de remarquer, lui avaient gagné cette affection de tout ce qui l'entourait. Céline, au contraire, d'une humeur capricieuse et fantasque, se faisait détester de presque toutes ses camarades, en même temps que sa paresse et son indocilité lui attiraient fréquemment des réprimandes et des punitions de la part de ses maîtresses. Une seule personne lui témoignait de la bienveillance et lui parlait avec bonté : c'était Élise. Celle-ci avait environ un an de plus qu'elle, et était beaucoup plus instruite. Elle avait remarqué, avec cet esprit d'observation qui la distinguait déjà, que les défauts de Céline venaient surtout de sa première éducation, pendant laquelle elle avait été excessivement gâtée et tout à fait abandonnée à ses caprices et à ses mauvais penchants, qu'il eût été si facile alors de redresser ; mais à côté de ces défauts, elle avait remarqué aussi le germe d'excellentes qualités, qui n'eût demandé qu'un peu de culture pour se développer. Usant de l'ascendant que lui donnaient sur cette enfant son âge, ses connaissances, la gravité de ses manières, elle la conseillait avec douceur, l'excusait auprès des maîtresses, la défendait auprès des élèves.

Céline l'écoutait avec attention, je dirais presque avec docilité, parce qu'elle reconnaissait que tout ce qu'Élise lui disait, tout ce qu'elle faisait pour elle, était dicté par un pur sentiment de bienveillance. Elle se sentait portée à aimer Élise, parce qu'elle trouvait en elle un appui, une force qui lui manquait à elle-même; elle s'y attacha donc comme le lierre s'attache au chêne et la vigne à l'ormeau. De son côté, Élise, en voyant l'impulsion favorable qu'elle produisait sur cet esprit difficile et ce caractère rétif, espéra pouvoir la corriger peu à peu de ses défauts en redoublant envers elle de soins attentifs et d'affection. C'est ainsi que se forma entre ces deux jeunes personnes si différentes l'une de l'autre une liaison intime, en dépit ou plutôt à cause du contraste qui existait entre elles.

Tant qu'Élise resta à la pension, Céline ne

s'y déplut pas trop ; elle commençait même à faire des progrès et à recueillir les fruits des bons conseils de son amie, lorsque celle-ci fut rappelée auprès de son père, ainsi que nous l'avons vu dans le chapitre précédent. Dès ce moment Céline ne put supporter davantage le séjour du pensionnat. Quoique son éducation ne fût, pour ainsi dire, qu'ébauchée, elle voulut absolument retourner à la maison paternelle, et M. de Briancourt, qui ne savait rien refuser à sa fille, y consentit sans difficulté. Profitant de l'indulgence et de la facilité de son père, elle lui donna à entendre qu'elle était trop grande fille (elle n'avait pas encore dix-sept ans) pour être traitée désormais comme une écolière, et qu'il était temps de la présenter dans le monde. M. de Briancourt, jugeant sans doute que la fortune de sa fille devait suppléer largement à ce qui lui manquait du côté de l'éducation, accéda encore à ce nouveau désir. En conséquence, il lui donna une gouvernante et une femme de chambre, mit à sa disposition une voiture et un cocher, la fit présider à quelques soirées qu'il donna chez lui, et lui permit de répondre aux nombreuses invitations qui lui furent bientôt adressées, plutôt en sa qualité de riche héritière qu'à tout autre titre.

Céline, triomphante, alla en brillant équipage visiter la modeste Élise, lui faire part de sa nouvelle position, et l'inviter aux fêtes et aux soirées auxquelles elle présidait chez son père. Celle-ci, qui dans ce moment même était occupée à chercher les moyens d'atténuer le désastre que son père venait d'éprouver dans sa fortune, n'était guère disposée à prendre part à des fêtes de ce genre; elle accueillit néanmoins son amie avec sa cordialité ordinaire, tout en la remerciant de son invitation et en lui faisant entendre, avec la franchise qu'autorisait leur ancienne amitié, qu'elle n'approuvait pas sa sortie de pension, ni son entrée prématurée dans le monde.

Mlle de Briancourt, qui avait cru éblouir son amie par l'étalage de son luxe et l'annonce pompeuse des fêtes auxquelles elle lui proposait d'assister, fut médiocrement flattée des observations presque sévères de son ancienne compagne. Elle n'osa pas cependant rompre avec elle; mais elle ne la vit plus que de loin en loin pendant le temps qu'Élise habita encore Paris. Puis, quand M. Rouvière et sa fille se furent retirés aux Andelys, leurs relations cessèrent tout à fait. Mais, lorsque Céline vint habiter le château de Briancourt, elle se rappela qu'il était dans le voisinage de la nouvelle résidence d'Élise, et, ne trouvant plus à la campagne les distractions qu'elle avait à la ville, elle rechercha de nouveau la société de son ancienne amie, dans l'espoir de rencontrer auprès d'elle les moyens de combattre l'ennui qui la dévorait.

Élise ne fit aucun reproche à Céline de l'avoir si longtemps négligée ; elle se garda bien aussi de se donner le petit triomphe de lui dire qu'elle avait prévu la déception qui l'attendait en voulant, avant l'âge et sans expérience, se lancer sur cette mer pleine d'écueils qu'on appelle le monde ; elle fut seulement touchée et effrayée du triste sort qu'elle se préparait pour l'avenir ; et, par un pur sentiment de compassion et de charité, elle résolut de faire tous ses efforts pour l'arracher à la pente fatale où l'entraînaient de mauvaises habitudes et de funestes illusions, et de la ramener, s'il était possible, dans la bonne voie. Ce qui l'encourageait dans cette entreprise, c'est qu'autrefois, à la pension, elle avait déjà travaillé, et même en partie réussi, à la corriger de ses défauts. Elle ne se dissimulait pas que sa nouvelle tâche était bien autrement difficile que la première ; aussi, avant de l'entreprendre, elle invoqua avec ferveur l'assistance de Celui qui seul peut changer les cœurs, et le supplia, par l'intercession de la très sainte Vierge Marie, de faire descendre sur son amie un rayon de sa grâce.

Animée de ces sentiments et de ces intentions, Élise écrivit à Céline, trois jours après sa visite, la lettre suivante, sur le sujet qu'elle lui avait annoncé :

« Je viens, chère amie, remplir la promesse que je t'ai faite de te parler de la nécessité de contracter des habitudes d'ordre et de régularité, afin de faire un emploi convenable de ton temps, seul moyen de te guérir et de te préserver pour l'avenir de cette funeste maladie de l'ennui, dont tu ressens déjà cruellement les atteintes.

« Ne t'attends pas à trouver ici un traité complet de morale sur ce sujet ; je n'ai ni le temps, ni la capacité, ni l'intention d'entreprendre un pareil travail. Tu me connais d'ailleurs depuis assez longtemps pour savoir que je n'ai pas l'habitude de m'ériger en professeur de morale et de philosophie, et que si quelquefois je t'ai donné des conseils, c'était uniquement dans ton intérêt et par pure amitié. C'est donc encore aujourd'hui une amie qui vient causer familièrement avec son amie, et lui communiquer quelques réflexions qu'elle croit propres à éclairer son esprit et à toucher son cœur. Oui, ma chère Céline, dans tout ce que je vais te dire, sois bien persuadée que c'est mon cœur qui parle au tien, et qu'il n'a d'autre but que ton bonheur.

« Une chose m'a surtout frappée et vivement affligée dans notre dernière conversation : c'est quand je t'ai adressé cette question : « Comment règles-tu l'emploi de ton temps? » Tu as paru étonnée de ma demande, et ta réponse m'a fait voir que tu n'avais jamais songé sérieusement à *employer* le temps, mais seulement à le passer dans les amusements et la dissipation, à le *perdre*, en un mot, ou plutôt à le *tuer*, selon une de tes expressions.

« Mais, ma bonne amie, as-tu jamais réfléchi à ce qu'est le temps et à son importance, pour en parler avec tant de légèreté?

« Le temps! mais c'est le bien le plus précieux que Dieu nous ait donné; c'est la durée de notre existence; « c'est l'étoffe dont la vie est faite; » comme dit avec justesse le docteur Franklin. Une heure bien ou mal employée s'écoule, une autre la suit et s'écoule à son tour; ainsi le soir est près du matin, et le jour présent, qui s'appelle *aujourd'hui,* sera passé demain et s'appellera *hier,* et hier ne revient plus et ne reviendra jamais. C'est *demain* qui arrive, qui devient *aujourd'hui,* puis qui passe, s'écoule et s'en va avec tous les autres jours qui se sont appelés comme lui *demain, aujourd'hui,* et ensuite se sont appelés *hier.* Hier, comme avant-hier, comme tous les jours précédemment écoulés, ne nous appartiennent plus. Demain ne nous appartient pas encore, et nous ne savons pas si nous le verrons; nous n'avons donc à nous qu'aujourd'hui, et encore dans ce jour nous ne possédons en réalité que l'instant où nous sentons notre existence ; car, ainsi que le dit un poète :

Le moment où je parle est déjà loin de moi.

« Chacun de ces instants qui s'écoulent avec

tant de rapidité nous ôte une portion de notre vie, dit Massillon, et nous avance d'un pas vers le tombeau. » Perdre volontairement un de ces instants ou le mal employer, c'est donc perdre une partie de notre vie elle-même, c'est en quelque sorte nous suicider partiellement.

« La perte d'un trésor, de pierreries, de bijoux précieux, n'est pas toujours irréparable ; on peut retrouver ces objets ou les remplacer ; mais une heure, une minute perdues ne sauraient se retrouver ni se remplacer jamais.

« Réfléchis sérieusement, ma chère Céline, sur ces vérités qui n'ont pas besoin de démonstrations, et qu'il suffit d'énoncer pour qu'elles soient comprises de tout esprit raisonnable ; et tu reconnaîtras facilement, j'en suis persuadée, qu'un bien aussi précieux que le temps ne saurait être gaspillé et perdu impunément ; que Dieu ne nous l'a pas accordé pour que nous en fassions un mauvais usage, et qu'un jour il nous en demandera un compte sévère, comme de tous les autres avantages dont il nous a gratifiés.

« Mais ce n'est pas seulement après notre

mort, quand nous aurons à rendre compte à Dieu de nos actions, que nous serons punis ou récompensés selon que nous aurons bien ou mal employé notre temps ; c'est dès cette vie même que déjà cette punition ou cette récompense nous atteignent. Ainsi, avons-nous sagement, convenablement usé de notre temps, nous éprouvons une satisfaction intérieure qui remplit notre âme de cette douce joie que cause toujours l'accomplissement d'un devoir. Dans le cas contraire, nous ressentons un ennui mortel, un accablement pénible, comme celui que tu éprouves aujourd'hui, et qui n'est qu'une suite inévitable du mauvais emploi que tu as fait ou que tu fais encore de ton temps.

« Mais, me diras-tu, je n'ai pourtant point fait de mal. J'ai cherché à me distraire par des amusements permis, et auxquels prenaient part les personnes les plus honorables ; voilà tout. Est-ce que par hasard, dans le genre de vie que tu veux me proposer, il est défendu de s'amuser et de se récréer ?

« Non, non, ma bonne amie, cela n'est pas défendu, pas plus qu'il n'est défendu de boire, de manger, de dormir, parce que le repas ou la récréation, après le travail, est aussi nécessaire à l'homme pour réparer ses forces que le boire, le manger, le sommeil; mais ce qui est défendu, c'est d'employer tout son temps à boire, à manger, à dormir ou à s'amuser. L'infraction à ces défenses porte avec elle sa punition immédiate. Celui qui passe son temps à boire et à manger, qui fait, comme on dit, un dieu de son ventre, perd la raison, se dégrade et descend au niveau de la brute, sans parler des maladies qui sont la suite trop ordinaire de son intempérance. Je ne parle de ces deux excès en quelque sorte que pour mémoire, car ils n'ont aucun rapport avec toi, et tu ne les connais que par ouï-dire. Quant au troisième, l'abus du sommeil, qui alourdit les sens et les engourdit au point de leur ôter toute leur activité, tu m'as dit toi-même t'y être livrée pour y chercher un remède contre l'ennui. Triste remède que celui qui produit des résultats si funestes!

« J'arrive enfin à ces amusements, à ces divertissements frivoles auxquels tu as consacré tant de jours et de nuits durant l'hiver dernier. Je te laisse à juger toi-même de l'effet qu'ils ont produit sur toi. Ils ont surexcité tes sens, exalté ton imagination pendant quelques instants, et t'ont jetée dans une sorte d'ivresse comme celle que produit l'abus du vin et des liqueurs alcooliques : puis après, qu'ont-ils laissé dans ton âme? un vide immense; rien, rien... Ah! je me trompe, ils y ont laissé le germe de cet ennui qui t'accable aujourd'hui, et le dégoût de ces plaisirs vrais et purs que t'offrirait maintenant le séjour de la campagne, si tu étais venue y chercher le repos et le délassement permis après les fatigues d'un travail sérieux, accompli au milieu du tumulte et du fracas des grandes villes.

« Car, ma chère amie, il ne faut pas se faire illusion : le repos, les délassements, les divertissements, — il est bien entendu que je ne parle que de divertissements et d'amusements permis, — n'ont de prix et ne nous offrent de véritables jouissances qu'à la suite du travail et d'occupations sérieuses. Le repos doit succéder au travail et le travail au repos, comme la nuit succède au jour et le jour à la nuit. Tel est l'ordre naturel des choses, que nous ne pouvons intervertir sans nous causer un dommage réel. Vouloir travailler sans cesse et sans repos, comme vouloir se reposer et se divertir sans cesse et sans travailler, c'est vouloir prolonger le jour pendant la nuit ou la nuit pendant le jour, ce qui ne saurait se faire impunément et sans nuire à notre santé.

« Il suit donc de ce qui précède que le travail est nécessaire, indispensable même. Comment! me diras-tu, moi qui suis riche, qui peux me procurer avec mon argent toutes les choses nécessaires à la vie, et même les choses superflues et de fantaisie, je suis obligée de travailler?

« Oui, ma bonne amie, tu y es obligée, comme tout le monde. C'est une loi générale, absolue, à laquelle nul ne peut se soustraire, depuis le monarque dans son palais, jusqu'au plus pauvre ouvrier qui n'a pour abri qu'une misérable chaumière. « L'homme est né pour travailler comme l'oiseau pour voler. » Tous, sans exception, nous sommes condamnés au travail par l'arrêt que Dieu a prononcé lui-même contre le genre humain, après la chute de notre premier père. Seulement ce travail n'est pas le même pour tous; il varie de nature selon les conditions de fortune, d'état, de position sociale, de sexe, d'âge, d'aptitude, etc., de chaque individu. Ainsi, il est évident que toi, par exemple, tu n'es pas obligée au même travail que cette pauvre jeune ouvrière qui passe sa journée dans sa mansarde à coudre des chemises ou à piquer des bottines pour gagner son pain et celui de sa vieille mère, ni au travail de ces robustes filles des champs que tu rencontres journellement courbées vers la terre, qu'elles fouillent avec une pioche pour en arracher les mauvaises herbes. Mais il y a d'autres travaux qui rentrent dans ta condition et dont tu ne saurais t'exempter. Sans parler des travaux manuels, qu'une femme, dans quelque condition qu'elle soit, ne doit jamais négliger entièrement et sur lesquels je reviendrai tout à l'heure, il y a des travaux intellectuels qui conviennent surtout à ton âge et à ta position sociale.

« Quand tu as quitté la pension, tu étais loin d'avoir complété ton instruction ; et même, l'eusses-tu terminée, tu ne saurais pas encore grand'chose ; car l'enseignement que l'on reçoit dans les pensions n'est qu'une préparation à des études plus sérieuses. Ainsi moi qui étais bien plus avancée que toi, et que tu regardais comme une savante, quand je suis sortie de pension et que j'ai eu un peu causé avec mon père, j'ai bientôt reconnu que je ne savais rien. Je me suis donc mise à étudier de nouveau ; et après deux ans et plus d'application et d'études pleines d'intérêt, je ne sais pas encore grand'chose ; mais je commence à comprendre l'utilité de la science et à en goûter les fruits.

« Tu as donc besoin, ma chère Céline, de recommencer ton instruction, qui, je dois te le dire franchement, a été fort négligée quand tu étais enfant ; il faut la reprendre, pour ainsi dire, dès les premiers éléments, et apporter à cette étude le soin et l'application que l'âge et la raison ont dû te donner. Voilà un premier travail, un travail sérieux et utile tout trouvé. Tu dois en sentir la nécessité ; car il y a quelque temps, comme je te faisais observer en riant qu'il y avait beaucoup de fautes d'orthographe et de français dans une lettre que tu m'avais écrite, tu m'as avoué en rougissant que tu avais *oublié* une partie des règles de la grammaire ; je ne t'ai rien répondu dans le moment, dans la crainte d'augmenter ta confusion : eh bien ! je te dis aujourd'hui que tu n'as pas *oublié*, mais que tu n'as jamais su, parce que tu n'as pas voulu apprendre. Voilà donc une étude à refaire entièrement, à laquelle tu dois t'appliquer sans délai, et que tu dois poursuivre sans relâche. Ce sont de ces choses qu'une jeune personne de ton âge et de ta condition n'a aucun mérite à savoir, et qu'il est honteux pour elle d'ignorer. Tu n'as plus à craindre, il est vrai, quand tu feras de ces sortes de fautes, les reproches ou les punitions de tes maîtresses de pension ; mais maintenant que te voilà lancée dans le monde, tu as à redouter la critique amère et mordante d'une foule de censeurs bien autrement impitoyables que tes bonnes maîtresses. Celles-ci du moins te reprenaient ouvertement, hautement et dans le but de te corriger ; les autres te souriront avec perfidie, t'applaudiront en face pour se moquer de toi en cachette, et aller colporter en riant une faute de langage qui t'aura échappé dans la conversation. Il ne faut souvent qu'un fait de cette nature pour faire juger une jeune personne ; quand elle paraît dans un salon, on se dit à l'oreille : « Voyez cette jeune demoiselle qui entre? Elle est belle, elle est riche; malheureusement son éducation a été manquée; elle ne sait ni écrire ni parler sa langue. » Et chacun lui tourne le dos, ou ne lui parle que pour s'amuser à ses dépens.

« Mais l'étude de la grammaire n'est, pour ainsi dire, que la clef des autres études indispensables à une jeune personne de ton rang. Celle de l'histoire, par exemple, et surtout de l'histoire de France, est presque aussi nécessaire que celle de la grammaire; j'en dirais presque autant de la géographie. Puis, à côté de ces études, il en est d'autres non moins utiles, telles que la botanique, quelques notions d'histoire naturelle et de cosmographie. Je te garantis qu'avec ces dernières connaissances tu n'aurais pas un seul instant d'ennui à la campagne; tu aurais pu admirer les merveilles de la création, soit dans les plantes, soit dans les insectes que tu foules aux pieds avec dédain, soit, pendant les belles soirées d'été, en contemplant ces milliers de mondes lumineux suspendus à la voûte céleste, et dont le spectacle sublime nous annonce la gloire de Dieu.

« Après ces études sérieuses, il en est d'autres moins graves qui ne sont pas à dédaigner ; je veux parler des arts d'agrément, tels que la musique et le dessin, qui procurent à l'esprit une occupation attrayante en même temps qu'un délassement utile ; il sera bon d'y consacrer aussi quelques instants de ta journée.

« Enfin, il est une étude dont je ne t'ai encore rien dit, quoiqu'elle soit la plus importante de toutes, qu'elle doive dominer toutes les autres, et à laquelle toutes doivent se rapporter : je veux parler de l'étude de la religion. C'est elle qui nous élève à la connaissance de Dieu, notre créateur, principe et fin de notre existence. Plus nous avancerons dans cette connaissance, plus nous serons portés à admirer Dieu dans ses œuvres, à l'adorer, à l'aimer, à lui rendre hommage, à le prier, à le servir, et par conséquent à toucher le but en vue duquel il nous a mis au monde. Une partie notable de ton temps doit donc être employée à atteindre ce but, ou, pour mieux dire, il doit embrasser tous les instants de ta vie, non que j'entende par là que tu doives être continuellement en prière et en méditation, mais tu dois offrir et consacrer à Dieu toutes tes autres occupations, ton travail comme ton repos; c'est le moyen de les sanctifier et de les rendre réellement profitables; c'est en même temps aussi le moyen le plus sûr de te préserver de ces défaillances et de cet ennui dont tu te plains.

« Peut-être en voyant le programme d'études que je te présente, et qui pourra au premier aspect te paraître un peu chargé, me diras-tu ce que tu m'as déjà dit une fois quand je t'engageais à travailler avec plus d'ardeur que tu ne le faisais: « Est-ce que tu veux faire de moi une femme savante? » Non, mon amie, je ne désire pas plus te voir une savante, dans le sens attaché ordinairement à ce mot, que je ne désire te voir une théologienne ou une religieuse parce que je t'ai parlé de la nécessité d'étudier la religion, de la pratiquer et de consacrer à Dieu tous les instants de ta vie; pas plus enfin que je ne désire te voir une artiste parce que je t'ai engagée à cultiver les arts de la musique et du dessin. Ce que je désire, c'est de te voir acquérir les connaissances qui conviennent à une femme de ta condition, destinée à vivre dans le monde; ce que je désire avant tout, c'est de te voir devenir une bonne chrétienne, instruite dans ta religion et la pratiquant avec ferveur; ce que je désire enfin, c'est que tu ne laisses pas improductive l'intelligence que Dieu t'a donnée, que tu la cultives avec soin, avec persévérance, afin qu'elle se développe, qu'elle se féconde, et qu'elle produise les fruits abondants et salutaires qu'a droit d'en attendre celui de qui tu l'as reçue.

« Je ne t'ai parlé jusqu'ici que de travaux intellectuels, parce que, n'ayant pas besoin pour vivre du travail de tes mains, tu es dans l'obligation de travailler davantage à cultiver ton esprit et à développer ton intelligence; mais ce n'est pas à dire pour cela que tu doives t'exempter de ces occupations manuelles qui conviennent spécialement aux femmes. Des ciseaux, des aiguilles, un dé, un métier à broder ou à tapisser, doivent se trouver constamment sous la main d'une jeune fille ou d'une femme, et quand elle n'est pas absorbée par des travaux plus importants, on doit la voir s'occuper à ces sortes d'ouvrages d'aiguille, qui sont l'apanage de notre sexe.

« Oh! mon Dieu! me diras-tu, voilà encore les travaux d'aiguille que tu ajoutes à tant d'autres dont tu as déjà rempli ma journée; mais où trouver un instant pour toutes ces occupations diverses? comment se reconnaître au milieu de ce chaos?

« Rien de plus facile, te répondrai-je: il faut pour cela partager ta journée, depuis ton lever jusqu'à ton coucher, de manière à consacrer chaque heure ou portion d'heure à une occupation différente, en les disposant, autant que possible, de telle sorte qu'une occupation moins applicante succède à une occupation plus sérieuse: par exemple, après une leçon de grammaire, d'histoire ou d'arithmétique, viendrait une leçon de musique ou de dessin; ou quelque travail de couture et de broderie; et ainsi de suite. Après tes repas, dont les heures et la durée seraient aussi régulièrement fixées, un certain temps serait consacré à la promenade ou à quelque exercice corporel, afin de faciliter le travail de la digestion; puis tu reprendrais tes occupations dans l'ordre qui aurait été établi.

« Mais, vas-tu me dire, ce que tu me proposes là n'est autre chose qu'un règlement, presque en tout semblable à celui de la pension; et moi qui t'ai dit que je l'avais en horreur et que je n'ai jamais pu m'y soumettre !

« Non, ce n'est pas un règlement comme celui de la pension; je te l'ai déjà dit dans notre dernière entrevue, ce que je te propose est un règlement semblable à celui que je suis moi-même, c'est-à-dire qui ne consiste qu'en des habitudes régulières, librement et volontairement contractées. Celui de la pension t'était imposé; d'ailleurs il n'avait pas été fait pour toi en particulier, et c'est là ce qui te le rendait plus insupportable. Celui que je te propose de suivre sera établi par toi et pour toi; je ne ferai que te donner des conseils, et tu en arrêteras toi-même les bases. Seulement, si dans cette longue lettre j'ai réussi à te convaincre de la nécessité qu'il y a pour toi d'employer utilement ton temps par des occupations sérieuses, au lieu de le perdre dans des amusements frivoles, j'ai déjà obtenu un grand résultat. Il me resterait encore à te démontrer la nécessité de soumettre ce travail à des règles fixes; mais ceci m'entraînerait trop loin; et si tu as des objections à me faire à ce sujet, je tâcherai de les résoudre de vive voix dans notre première entrevue. »

CHAPITRE IV

Hésitation. — Résolution.

Deux jours après avoir reçu la lettre de son amie, Céline vint lui rendre visite. « J'ai lu et relu plusieurs fois ta lettre, lui dit-elle en l'abordant, et je t'assure qu'elle m'a fait réfléchir plus sérieusement que cela ne m'était arrivé depuis bien longtemps. Ces réflexions m'ont tellement préoccupée depuis deux jours qu'elles ont éloigné de moi toute autre pensée; ainsi ta lettre, ma chère Élise, a déjà produit une partie de son effet : c'est-à-dire que je me suis beaucoup moins ennuyée depuis que je l'ai reçue.

« J'avoue que jamais je n'avais arrêté ma pensée sur ce qu'on appelle le temps; ce que tu m'en as dit m'en a fait comprendre toute la valeur; j'ai été effrayée, et je dirai même indignée contre moi, en songeant avec quelle coupable insouciance j'ai perdu jusqu'ici un bien si précieux. Dès que j'ai pu apprécier la valeur du temps, j'ai dû reconnaître la nécessité de l'employer utilement. Je reconnais aussi que le travail est un des moyens les plus efficaces pour y parvenir; je conviens que moi en particulier j'ai le plus grand besoin de me livrer à ce travail intellectuel dont tu me parles : car tu m'as éclairée sur mon ignorance, dont je ne m'apercevais pas. J'étais comme ces gens qui ne voient pas une tache qu'ils ont au visage, tandis qu'elle fait sourire tous ceux qui les regardent : aussi maintenant j'ai honte de penser qu'avec mon peu, ou plutôt avec mon manque d'instruction, j'ai eu la présomption de me présenter dans de brillantes sociétés, de parler avec des personnes instruites, qui ont dû plus d'une fois sourire de pitié en m'entendant, en me voyant en quelque sorte étaler la *tache* de mon ignorance, qui sautait à tous les yeux, excepté aux miens. Tu vois, ma chère Élise, que j'ai lu attentivement ta lettre, que je l'ai méditée et que déjà elle a porté des fruits.

— C'est vrai, ma bonne Céline, et je t'en fais mon compliment. Maintenant que tu reconnais le principe, il n'y a plus qu'à en venir à l'application.

— Sans doute; mais c'est là ce qui m'embarrasse, c'est là que je prévois le plus de difficultés.

— Ces difficultés ne doivent pas t'effrayer; elles sont plus apparentes que réelles, et avec un peu de bonne volonté tu en triompheras facilement.

— Ce n'est pas la bonne volonté qui me manquera, mais je crains que ce ne soit la force qui me fasse défaut. Tiens, par exemple, j'ai voulu, d'après ton conseil, essayer de me lever plus matin. J'avais recommandé à Justine de m'éveiller à cinq heures, hier. « Comment! s'écria-t-elle quand je lui donnai cet ordre, Mademoiselle veut se lever si matin! mais elle va se rendre si malade; puis, moi je n'ai pas l'habitude de me lever sitôt, et je ne réponds pas d'être éveillée à cette heure-là. » J'insistais; elle fit encore quelques objections; enfin elle consentit à me réveiller à six heures. Cependant il en était près de sept quand elle est entrée dans ma chambre. J'étais encore accablée de sommeil; je voulus faire un effort pour me soulever; mais ma tête retomba malgré moi sur mon oreiller. Justine me dit en riant: « Allons, j'ai bien fait de ne pas vous éveiller plus tôt. Quand Mademoiselle voudra se lever, elle me sonnera. » Je n'eus pas le courage de la retenir; mais, quelques instants après, j'eus honte de ma faiblesse, je sonnai. Justine m'engagea encore à rester au lit; cette fois je voulus absolument me lever. Il était près de huit heures; c'était encore une heure plus tôt que d'habitude. Eh bien! je me suis sentie mal à l'aise toute la matinée: Mme Legay et Justine ont attribué cela à l'imprudence que j'avais faite de me lever si matin; de sorte qu'aujourd'hui je n'ai pas été tentée de recommencer, et je me suis levée comme à l'ordinaire.

— Oh! que voilà bien, répondit Élise en riant, le langage de la paresse!... car, il faut bien en convenir, ma chère belle, la paresse est ton péché mignon, dont nous aurons d'abord à te corriger. Je te tiendrai compte pourtant de l'effort que tu as fait, quoiqu'il n'ait abouti à rien; cela prouve de bonnes intentions et mérite des encouragements; mais ce dont je te blâmerai, c'est d'entrer en discussion avec ta femme de chambre, d'écouter ses observations et de suivre ses conseils. Ce n'est pas elle, bien certainement, qui t'engagera à secouer ta paresse, car elle serait obligée elle-même d'en faire autant, et, à l'exemple de sa maîtresse, elle est paresseuse avec délices. Quand nous en serons là, je t'indiquerai le moyen infaillible de t'accoutumer à te lever de bonne heure; mais cela tient à l'ensemble du plan que nous discuterons pour en venir à l'application des principes dont tu as compris l'importance et la nécessité.

— Mais est-ce qu'il n'eût pas été mieux d'essayer séparément chaque partie de ce plan, au lieu de vouloir les exécuter toutes ensemble? Tant de choses à entreprendre à la fois m'effrayent, et je crois que mes forces n'y suffiront pas. Ainsi, par exemple, l'étude de la grammaire, dont je sens que j'ai le besoin le plus urgent, n'eût-elle pas suffi d'abord, à elle seule, pour m'occuper pendant un certain temps? Une fois que j'aurais été assez instruite sur cette partie, j'aurais passé à une autre.

— Toujours le langage de la paresse : car c'est ce mauvais défaut qui te rend si défiante de tes forces. Non, il n'est pas bon que tu ne t'occupes que d'une seule chose ; elle ne serait pas suffisante pour remplir ta journée, et elle finirait promptement par te fatiguer. Il faut, au contraire, varier tes études ; c'est le moyen de délasser ton esprit en passant d'un sujet à un autre. D'ailleurs toutes les connaissances que tu te proposes d'acquérir se tiennent et ont un rapport entre elles. La grammaire, qui sans doute doit occuper une place importante dans notre plan, est, comme je te l'ai dit, en quelque sorte la clef des autres sciences ; elle se rattache à toutes, et on l'étudie continuellement tout en étudiant les autres : ainsi quand tu feras, soit par écrit, soit de vive voix, un résumé d'histoire profane, d'histoire sainte, de géographie, ou de toute autre étude, tu seras forcée de faire, soit en parlant, soit en écrivant, une application continuelle des principes de notre langue. Le seul moyen de lever toutes ces difficultés qui t'effrayent et que tu crois au-dessus de tes forces, c'est d'en arriver enfin à ce plan régulier dont je t'ai déjà plusieurs fois entretenue, et qui assignera un moment fixe à chacune de tes occupations. As-tu réfléchi à cette dernière partie de ma lettre comme à la première?

— Oui, mais j'avoue que cette idée de plan ou de règlement, comme tu voudras l'appeler, ne s'accorde guère avec mon esprit indépendant et ennemi de toute contrainte. Tu me dis, pour ne pas m'effrayer, que c'est moi-même qui ferai ce règlement d'après tes conseils, et que je l'adopterai librement, ce qui sera tout autre chose que de me soumettre à une règle comme celle de la pension, par exemple, qui m'était imposée par une volonté étrangère. Mais au fond cela ne revient-il pas au même? Que ce soit moi ou une autre qui me mette ces entraves, en gêneront-elles moins la liberté de mes mouvements? Mes actions en seront-elles moins restreintes dans un cercle étroit et limité? Ma prison, pour être volontaire, en sera-t-elle moins une prison, et n'enchaînera-t-elle pas également ma liberté?

— O ma chère Céline! que tu es ingénieuse à te créer des fantômes ridicules qui s'évanouiront à la moindre lueur de ta raison! Tu crains, en adoptant un règlement, de gêner ta liberté ; sais-tu en quoi consiste la liberté ? Y as-tu jamais réfléchi ?

— C'est bien simple, il me semble : elle consiste à faire ce qui nous plaît, et à ne pas faire ce qui nous déplaît ; en un mot, à n'être gêné en rien dans l'exercice de notre volonté.

— Veux-tu dire par là que s'il nous plaisait, par exemple, de prendre le bien d'autrui, ou de frapper, de blesser, de tuer quelqu'un qui nous déplairait, ce serait apporter des entraves à l'exercice de notre liberté que de nous empêcher de commettre un vol ou un assassinat ?

— Peux-tu supposer que je veuille dire de pareilles absurdités ! Quand je dis que la liberté consiste dans la faculté d'exercer notre volonté comme il nous plaît, il est bien entendu que c'est en nous conformant aux lois divines et humaines qui défendent le vol, le meurtre, et toute espèce de crimes, de délits, en un mot, tout ce qui est *le mal*.

— Puisque tu fais cette restriction, il en résulte que nous ne jouissons pas d'une liberté absolue ; car, pour être libres dans le sens absolu de ce mot, nous devrions pouvoir faire le bien et le mal selon le caprice de notre volonté, sans contrôle, sans obstacle, sans répression quelconque.

— Oui, mais il en résulterait un désordre effroyable, et la société ne serait qu'un coupe-gorge.

— Cela est vrai; d'où il faut conclure, ma chère Céline, que la liberté ressemble beaucoup à la langue, qui, selon Ésope, est la meilleure ou la pire des choses, selon le bon ou le mauvais usage qu'on en fait. C'est, suivant la manière dont nous nous en servons, un bien précieux qui nous conduit à notre salut, ou un instrument dangereux qui nous entraîne à notre perdition. Faire le bien ou faire le mal, résister à nos mauvais penchants ou nous y abandonner, c'est faire également usage de notre liberté; seulement, dans le premier cas, nous ferons un acte méritoire dont nous serons récompensés; dans le second, au contraire, nous commettrons une infraction à ces lois divines ou humaines dont tu parlais tout à l'heure, et nous mériterons une punition.

— Je comprends très bien tout cela; je suis parfaitement d'accord avec toi; mais je ne vois pas où tu veux en venir.

— Où je veux en venir? le voici: penses-tu

qu'il soit nécessaire de prendre des précautions pour résister à ces mauvais penchants qui nous entraînent si facilement, et souvent à notre insu, vers le mal ?

— Oui, je pense que cela est nécessaire.

— Penses-tu que prendre ces précautions, ce soit aliéner sa liberté ?

— Non ; je crois, au contraire, que c'est en faire un bon usage.

— Eh bien ! ma chère Céline, ces précautions consistent principalement à contracter de bonnes habitudes ; et, pour y parvenir, le moyen le plus sûr est précisément de régler l'emploi de ton temps. Ce ne sera pas aliéner ta liberté, tu le comprends maintenant ; ce sera seulement en soumettre l'usage à des règles d'ordre et de régularité dont tu sentiras de jour en jour l'importance et la nécessité ; ce sera enfin t'accoutumer à mener une vie réglée et bien ordonnée...

— Comment ! interrompit vivement Céline, est-ce que tu veux dire que j'ai mené jusqu'ici une vie déréglée et désordonnée ?

— Non, chère amie, non, dans l'acception que l'on donne ordinairement à ces expressions, qui désignent une conduite mauvaise et perverse ; je veux dire seulement que tu as besoin de prendre des habitudes d'ordre et de régularité afin de te garantir des effets funestes de l'oisiveté, qui te font perdre ton temps en occupations frivoles et en distractions dangereuses, et qui t'occasionnent cet ennui mortel dont tu es accablée depuis quelque temps.

— Je sens que tu as raison, ma bonne Élise, et je voudrais de tout mon cœur suivre tes conseils; mais je ne me sens pas encore le courage d'entreprendre tout d'un coup une réforme si complète dans mes habitudes. Je crains, après quelques essais infructueux, de faire comme hier quand j'ai voulu me lever un peu plus tôt que de coutume, et que je suis retombée dans ma paresse habituelle.

— Je conviens que cela est un peu difficile en commençant; mais, comme je te l'ai dit, avec de la bonne volonté tu triompheras sans peine de ces obstacles, plus apparents que réels.

— Ne pourrais-je pas commencer par des réformes partielles, afin de m'accoutumer peu à peu à mon nouveau genre de vie, au lieu de vouloir opérer ce changement d'un seul coup?

— Encore des palliatifs comme celui dont tu me parlais tout à l'heure à l'occasion de tes études! On conçoit qu'on emploie de pareils moyens avec un enfant de sept à huit ans; mais une jeune personne de ton âge, jouissant de la plénitude de son jugement et de sa raison, dès qu'elle a compris la nécessité de prendre une détermination de la nature de celle qui nous occupe, doit le faire sans hésiter, avec une résolution ferme et inébranlable.

— J'ai très bien compris la nécessité dont tu me parles, et cependant je sens que le courage me manque pour former la résolution nécessaire à l'accomplissement d'une entreprise aussi importante pour moi. J'ai le désir et la volonté sincère de le faire, mais cette volonté et ce désir sont paralysés par une faiblesse insurmontable. Donne-moi la force comme j'ai le désir, et je te promets de ne pas hésiter un instant.

— Il n'est pas en mon pouvoir de te donner cette force qui te manque; il faut, pour l'obtenir, t'adresser à celui qui seul en est le dispensateur. Prie Dieu, ma chère amie, avec ferveur, avec humilité, avec confiance; confesse-lui humblement tes infirmités; manifeste-lui le désir sincère que tu as d'une prompte guérison; supplie-le de t'accorder la force d'employer tous les moyens nécessaires pour l'opérer, et je puis t'assurer que ta prière sera exaucée. De mon côté, je prierai aussi pour toi avec toute la ferveur dont je suis capable, et j'espère qu'à notre prochaine entrevue tu m'annonceras enfin que ta grande résolution est définitivement arrêtée. »

L'espérance d'Élise ne fut pas trompée. Céline, en revenant à Briancourt, repassa dans son esprit tout ce que lui avait dit son amie. Tout le reste de la journée et une partie de la nuit, elle fut occupée de ces pensées et de ces réflexions. Elle suivit le conseil que lui avait donné Élise d'avoir recours à la prière. Elle pria le soir avant de se coucher, elle pria le matin en se levant: combien de fois n'avait-elle pas négligé ces deux importants devoirs du chrétien! Elle s'en souvint en soupirant, et en demanda pardon à Dieu. Elle se leva ce jour-là beaucoup plus tôt que d'habitude; elle s'était réveillée d'elle-même et sans le secours de sa femme de chambre. Celle-ci fut fort étonnée, quand elle entra dans la chambre de sa maîtresse, de la trouver debout. Jamais pareille chose n'était arrivée depuis qu'elle était à son service. « Oh! mon Dieu, s'écria-t-elle, est-ce que Mademoiselle est indisposée, qu'elle s'est levée si matin ?

— Non, je ne me suis jamais mieux portée.

— Pourquoi, dans ce cas, Mademoiselle ne m'a-t-elle pas sonné pour que je lui donnasse son peignoir ?

— Parce que je n'avais pas besoin de vous pour le prendre.

— Mademoiselle veut-elle prendre son chocolat ?

— Volontiers; puis vous irez dire à Jean d'atteler, et vous viendrez ensuite m'habiller.

— Ah! Mademoiselle veut faire une promenade ce matin ?

— C'est mon intention.

— Sera-ce Mme Legay ou moi qui accompagnerai Mademoiselle ?

— Ni l'une ni l'autre; je serai seule; mais vous oubliez mon chocolat : allez donc le chercher. »

Justine sortit, et dit aux autres domestiques qui se trouvaient à la cuisine que Mademoiselle avait un air tout à fait extraordinaire ce matin; qu'elle ne paraissait pas de mauvaise humeur, et que cependant elle n'avait pas causé comme à son ordinaire.

Cependant Céline, s'inquiétant fort peu des réflexions et des commentaires de sa femme de chambre, poursuivait en silence le cours de ses pensées, et mûrissait un projet qu'elle avait comme ébauché en s'éveillant et qu'elle regardait comme une inspiration du Ciel. Au lieu de cet air nonchalant qu'elle avait habituellement dans tous ses mouvements quand Justine l'habillait, elle se montra vive, empressée, et sa toilette, qui durait quelquefois deux heures, fut terminée en une demi-heure. Les chevaux n'étaient pas encore attelés, que déjà elle était prête à partir.

Lorsqu'en montant en voiture elle donna au cocher l'ordre de la conduire chez Mlle Rouvière, ce fut l'occasion de nouveaux commentaires de la part de Mlle Justine et compagnie. « Elle ne sort donc plus de chez sa *religieuse*, disait la femme de charge à la femme de chambre. (Les gens du château de Briancourt appelaient Élise la *religieuse* à cause de son air grave et modeste et de sa piété.) Est-ce que par hasard elle voudrait nous *gâter* notre maîtresse et en faire une dévote comme elle ?

— Il n'y a pas de danger, répondit Justine ; dans tous les cas, j'y mettrai bon ordre. »

Lorsque Élise vit arriver son amie, elle fut surprise et ravie de ce prompt retour, qui lui présageait le succès de son entreprise. « Eh bien ! ma belle amie, lui dit-elle gaiement en l'embrassant, quelle nouvelle apportez-vous ?

— La nouvelle que j'apporte, ma bonne Élise, répondit Céline sur le même ton, c'est que tu as décidément remporté la victoire, et qu'enfin ma résolution est irrévocablement arrêtée.

— Dieu soit loué et béni ! s'écria Élise avec transport ; oh ! viens que je t'embrasse encore pour cette bonne nouvelle ! » Et les deux amies s'embrassèrent de nouveau avec effusion.

« Oui, reprit Céline, j'ai suivi tes conseils, j'ai prié avec ferveur, et je crois que Dieu a daigné exaucer ma prière ; car il m'a inspiré un projet qui depuis ce matin me roule dans l'esprit, et qui seul est capable de me maintenir dans mon dessein et d'en assurer l'exécution. Mais comme il dépend de toi que ce projet se réalise, je me suis empressée de venir t'en faire part, persuadée, d'après l'intérêt que tu me portes et que tu m'as toujours témoigné, que tu n'y mettras point obstacle.

— Oh! bien certainement : s'il dépend de moi et qu'il me soit possible de faire ce que tu désires, tu peux dire hardiment que cela est fait. Mais voyons d'abord de quoi il s'agit.

— Tu connais ma faiblesse et je la connais encore mieux moi-même; malgré la résolution que j'ai prise, et bien prise, je t'assure, je me défie encore de moi. J'ai peur de faiblir au moment de l'exécution, ou quand j'aurai commencé à marcher, d'éprouver quelque défaillance qui m'arrête au milieu du chemin. J'ai donc besoin de quelqu'un qui m'aide, m'encourage et me soutienne; sans cela je ne saurais répondre de moi. Comme je ne puis trouver cet appui dans aucune personne de mon entourage, j'ai pensé à toi, qui m'as la première indiqué la bonne voie, et qui peux seule y guider et y raffermir mes premiers pas.

— Comment! mais ce que tu me demandes là, je te l'aurais offert moi-même; car ces craintes que tu viens de manifester, je les ressentais déjà pour toi. Je suis très contente de te voir dans ces dispositions; elles me prouvent que tu as pris sérieusement ton parti. Tu peux donc compter entièrement sur moi ; à quelque moment de la journée que tu viennes me trouver, et même plusieurs fois par jour si tu le désires, je t'accueillerai toujours avec bonheur; je te donnerai les conseils, les explications, les encouragements dont tu pourras avoir besoin; si tu ne peux pas venir, écris-moi : ma réponse ne se fera pas attendre.

— Allons! je vois que tu ne me comprends pas, et il faut que je m'explique plus clairement. Ce que tu m'offres là je ne te l'aurais pas demandé, car j'étais sûre d'avance de ta bonne volonté; mais la proposition que je viens te faire est bien plus importante, et exigera de ta part une bien plus grande preuve de dévouement.

— Tu sais, ma chère amie, que mon dévouement ne te fera jamais défaut, et qu'il n'a d'autres limites que le possible; ainsi parle hardiment.

— Je t'ai déjà dit que je ne pouvais compter pour m'aider dans mon entreprise sur aucune personne de mon entourage. Je prévois même, dans les commencements surtout, qu'on me suscitera mille obstacles, mille tracasseries de toute nature ; c'est donc surtout dans ces commencements que j'ai besoin de quelqu'un sur qui je puisse compter pour m'aider à écarter ces obstacles et vaincre ces tracasseries. Toi seule, ma bonne Élise, tu peux me rendre ce service; mais cela serait impossible si nous restions séparées comme nous le sommes; il faut absolument que tu viennes passer avec moi quelque temps, quinze jours à trois semaines, un mois au plus; cela sera suffisant, je pense, pour organiser mon nouveau genre de vie, et, comme on dit vulgairement, pour le mettre en train. Une fois que cette marche régulière sera établie, il me sera plus facile de continuer le même mouvement: mais c'est le début qui m'effraye, et si tu ne viens pas à mon aide, je tomberai peut-être dès les premiers pas. Viens donc, ma chère amie, achever la bonne œuvre que tu as commencée; viens être mon mentor pendant cet apprentissage d'une vie nouvelle; je te promets d'être un disciple docile : voilà la preuve de dévouement que j'attends de toi; j'espère que cette attente ne sera pas trompée, puisque tu viens de m'assurer de nouveau de toute l'étendue de ton dévouement, et que ma demande est bien en deçà des limites que tu lui as assignées.

— Avec quel bonheur, ma chère Céline, j'accepterais ta proposition si j'étais indépendante! Mais, tu le sais, je suis seule auprès de mon père; je ne puis le quitter un seul jour, à plus forte raison pendant des semaines entières. C'est là, malheureusement, une de ces impossibilités qui mettent un obstacle insurmontable à ce que je puisse répondre à ton désir. J'en suis d'autant plus contrariée, que je comprends qu'en effet ma présence t'aurait été utile pour organiser ton nouveau plan de vie. Mais, que veux-tu, le devoir filial est encore plus sacré que le devoir de l'amitié, et doit l'emporter sur lui.

— J'avais prévu la difficulté, répondit Céline en souriant; d'ailleurs me crois-tu assez égoïste pour vouloir priver ton père de ta présence pendant un si long temps? Eh bien! voici ce que j'ai imaginé pour tout arranger : c'est tout simplement d'emmener ton père avec toi. Ce sera pour lui un changement et une distraction qui ne seront peut-être pas sans agrément. S'il aime la chasse, notre parc abonde en gibier; s'il préfère la pêche, une rivière poissonneuse coule le long du jardin; s'il aime la bonne chère, nous avons un cuisinier qui est élève de Carême. Enfin, comme l'invitation d'une petite fille comme moi lui aurait paru peut-être insuffisante, je me suis munie d'une invitation en règle signée de mon père. » En même temps elle présenta à Élise un pli cacheté à l'adresse de M. le commandant Rouvière.

« Je suis enchantée de voir avec quelle persévérance tu poursuis ton projet; c'est pour moi d'un favorable augure pour l'avenir. Je conçois parfaitement et je partage ton idée, d'avoir auprès de toi quelqu'un pour t'aider en commençant, et ce serait vraiment dommage qu'un obstacle infranchissable compromît le succès de ta résolution. Mais il y a une difficulté que tu n'as pas prévue et qui pourrait empêcher l'exécution de ton plan : c'est que mon père est trop peu lié avec le tien pour accepter tout d'un coup une invitation de cette nature, qui suppose entre celui qui la fait et celui à qui elle est adressée une intimité qui n'existe pas entre nos deux pères. Le tien est un grand seigneur, également favorisé des avantages de la naissance et de la fortune ; le mien est fils de ses œuvres, sans autre fortune, sans autres titres que la modique pension, le grade et la croix qu'il a gagnés au prix de son sang ; mais il n'en est pas moins fier pour cela : il serait humilié d'accepter la splendide hospitalité que lui offrirait ton père, et qu'il ne serait pas en état de lui rendre. Ce motif seul le déterminerait à répondre par un refus à la lettre que tu viens d'apporter ; aussi je pense qu'il est inutile de la présenter pour le moment.

— Je comprends très bien la délicate susceptibilité de ton père, mais je n'en suis que plus contrariée. Moi qui croyais avoir imaginé le plus charmant projet, qui me flattais d'avoir levé tous les obstacles qui pouvaient le contrecarrer, voilà que je n'ai fait qu'un beau rêve ! C'est vraiment désolant d'être obligée d'abandonner un plan si bien conçu !

— Eh bien ! moi je ne l'abandonne pas : je serais trop heureuse de contribuer au succès d'une résolution dont je t'ai donné moi-même la première idée, pour ne pas chercher un moyen de remplacer ton projet (irréalisable pour le moment) par un autre qui ira au même but et peut-être d'une manière plus efficace.

— Oh ! vraiment ? Fais-moi part bien vite de ce nouveau projet.

— Eh bien, c'est tout simplement de venir toi-même passer ici avec moi quinze jours ou un mois. Nous serons bien mieux qu'à ton château pour mettre à exécution notre plan d'études. Nous ne serons point embarrassées par cet entourage qui te gênerait et qui me gênerait aussi moi-même. Tu pourrais donc plus facilement t'accoutumer au nouveau genre de vie que tu te proposes d'embrasser. Ton père, qui n'a pas, comme le mien, besoin d'avoir sa fille continuellement auprès de lui, puisqu'il s'absente la plus grande partie de la semaine, ne s'opposera probablement pas à ce projet.

— Tu peux dire qu'il ne s'y opposera certainement pas, car mon père me laisse faire à peu près toutes mes volontés.

— C'est bien ce que je pensais ; mais ce n'est pas tout. Pendant que tu seras ici, ton père ne pourra se dispenser de venir te voir plusieurs fois ; il fera alors une connaissance plus intime avec le mien ; quand tu retourneras au château, si ton père veut nous inviter à y aller passer quelque temps, le mien ne pourra plus faire les mêmes objections qu'il ferait à coup sûr aujourd'hui; car alors c'est vous qui auriez été devancés; et l'invitation que vous nous feriez ayant un tout autre caractère que celle d'à présent, mon père ne saurait la refuser, et je me chargerais au besoin de le décider. Ainsi nous doublerions le temps que nous aurions dû passer ensemble en suivant ton premier projet, et ce ne serait pas, je l'espère, sans profit pour toi.

— O ma chérie, que tu es aimable et bonne ! Combien ton projet me sourit et m'enchante ! Cependant je n'ose pas trop m'y abandonner, de peur que quelques déceptions nouvelles ne viennent encore le renverser.

— Et que crains-tu ? il est bon de tout prévoir avant de s'engager.

— Que sais-je ?... Mais d'abord, crois-tu que ton père voudra me recevoir ainsi dans sa maison et pour un temps aussi long ?

— Oh ! que ceci ne t'inquiète pas. Tous les jours mon père m'engage à ne pas rester solitaire comme je le fais depuis que nous habitons ce pays, et à inviter une ou deux de mes amies à venir me voir et à passer quelque temps avec moi ; il sera donc charmé en apprenant que tu as accepté mon invitation, et loin d'en être contrarié, il en sera reconnaissant.

— C'est bien ; mais de mon côté je crains de vous causer trop d'embarras, car je ne puis guère me passer de ma femme de chambre et d'un domestique...

— Oh ! ceci c'est une autre affaire, interrompit vivement Élise. J'entends recevoir ici une amie intime, une sœur, et non une demoiselle de grande maison qui ne saurait marcher sans un entourage de valets. En conséquence, je raye d'un trait de plume l'article de la femme de chambre et du domestique.

— Je consens à supprimer le domestique, Justine fera au besoin mes commissions ; mais comment me passer d'une femme de chambre pour m'habiller et pour me coiffer ?

— Je me charge de cette besogne ; je serai ta femme de chambre, et tu verras que je vaux bien Mlle Justine.

— Mais je ne veux pas te donner l'embarras de m'habiller et de me coiffer ; vraiment ce serait abuser...

— Abuser de quoi? interrompit de nouveau Élise; en ce cas, si tu ne veux pas de mes services, tu feras comme moi, tu t'habilleras et tu te coifferas toi-même; je te donnerai au besoin des leçons.

— Comment! c'est toi qui t'habilles tous les jours! qui te laces, qui te peignes, qui nattes tes cheveux ou les lisses en bandeaux?

— Oui, ma chère, c'est moi qui fais tout cela; je suis ma femme de chambre, et de plus ma couturière et ma modiste; car c'est moi qui fais toutes mes robes et mes chapeaux, et souvent encore je repasse mes cols et mes manches.

— Comment! ce joli chapeau de crêpe que je t'ai vu dimanche dernier, et que je croyais sorti d'un des premiers magasins de Paris, c'est ton ouvrage! Moi qui avais envie de te demander l'adresse de ta modiste.

— Vous la connaissez maintenant, Mademoiselle, dit Élise en faisant à son amie une révérence ironique, prête à vous servir si elle en était capable... Mais parlons sérieusement: ceci est une première leçon que je veux te donner, et dont je t'engage à faire ton profit.

Rappelle-toi bien, ma chère, que l'on n'est jamais mieux servi que par soi-même, et je regarde comme une triste condition attachée à la fortune, que ceux qui la possèdent soient obligés de vivre en quelque sorte dans la dépendance des étrangers qui les servent. Pour moi, je suis sous ce rapport parfaitement indépendante; ce n'est pas précisément par économie (quoique je ne rougisse pas d'avouer que cette considération y entre pour une bonne part) que je confectionne moi-même mes robes et mes chapeaux; c'est surtout pour ne pas être obligée de me soumettre aux exigences ou aux caprices d'une couturière ou d'une modiste, et encore moins à son goût, qui s'accorderait rarement avec le mien. Enfin revenons à la question principale qui nous occupe. Si je t'avais invitée à titre de simple connaissance et de voisine de campagne à venir passer quelques jours, j'aurais la plus mauvaise grâce du monde, et ce serait de la dernière inconvenance de t'imposer des conditions et de vouloir te priver des gens à ton service; mais tu viens ici à tout autre titre, tu viens te confier à une amie dévouée, à une sœur, pour qu'elle t'initie à un nouveau genre de vie dont tu as compris la nécessité ; il faut donc rompre tout d'abord avec tes anciennes habitudes pour en contracter de nouvelles ; et, pour réussir, il faut surtout te soustraire à ces influences de ton entourage que tu redoutais avec tant de raison, et qui t'ont fait renoncer à entreprendre seule l'exécution de notre grand projet. Or, de toutes ces influences, la plus dangereuse est à mon avis celle de ta femme de chambre, et voilà le motif principal de l'exclusion formelle que j'ai prononcée contre elle. Maintenant tu m'as comprise. Veux-tu venir ici à titre d'ancienne camarade et de voisine passer simplement quelques jours pour te distraire ? je te recevrai toujours avec plaisir, et tu pourras amener avec toi autant de monde que la maison en pourra contenir. Veux-tu venir pour l'affaire sérieuse en question ? alors viens seule comme une sœur auprès de sa sœur ; viens vivre de sa vie pendant quelques jours ; tu ne seras point ici une étrangère ; nous vivrons mutuellement sans gêne, sans cette contrainte qu'impose toujours la présence d'un hôte qui n'est pas de la famille ; mon père croira avoir une fille de plus, et moi je me figurerai que j'ai le bonheur de posséder une sœur, voilà tout. Cela te convient-il? décide-toi.

— Pourrais-je hésiter après de si touchants témoignages d'amitié? O ma chère Élise, de quelle douce joie tes paroles remplissent mon cœur! Oui, je le sens, c'est plus qu'une amie, c'est une sœur véritable que j'aurai aussi le bonheur de posséder. » Et, en disant ces mots, elle se précipita dans les bras d'Élise, qu'elle pressa tendrement contre son cœur; puis elle reprit avec plus de calme : « Oui, j'accepte avec transport toutes les conditions de l'hospitalité que tu m'offres, trop heureuse si je puis jamais me montrer digne d'une amie telle que toi!

— Allons, reprit Élise, maintenant que nous sommes d'accord, le plus tôt que nous commencerons sera le mieux. Quel jour viendras-tu t'installer ici?

— Mon père arrive aujourd'hui de Paris; je lui ferai part de mon projet, qu'il approuvera avec empressement, et dès demain je le prierai de m'accompagner et de me présenter à M. Rouvière.

— C'est bien; de mon côté, je vais annoncer à mon père ton arrivée, et le prévenir de la visite de M. de Briancourt. Au revoir donc, et à demain, petite sœur. » Les deux amies s'embrassèrent de nouveau. Céline remonta en voiture et reprit le chemin de Briancourt, en repassant dans son cœur tout ce que venait de lui dire Élise.

CHAPITRE V

L'accomplissement de la résolution. — Conclusion.

Ce fut bien un autre sujet d'étonnement et de commentaires pour Mlle Justine, pour la femme de charge et même pour la respectable Mme Legay, quand Céline annonça qu'elle allait passer quinze jours et peut-être un mois chez Mlle Rouvière, et qu'elle n'emmènerait personne avec elle. Mlle Justine, tout en rangeant dans des cartons les robes et les chapeaux de sa maîtresse, essaya de faire quelques observations; mais Céline lui ferma la bouche en la priant poliment, mais d'un ton sec et qui ne permettait pas de réplique, de lui faire grâce de ses réflexions.

M. de Briancourt avait, comme Céline l'avait prévu, complètement approuvé le projet de sa fille, surtout quand elle lui eut fait connaître le but de son séjour auprès de son amie. Quoiqu'il idolâtrât sa fille, il ne s'abusait nullement sur ses défauts; mais il n'avait jamais eu la force d'entreprendre de la corriger, dans la crainte de causer trop de contrariété à son enfant. Bah! se disait-il, elle ne manque ni de jugement ni de bon sens; avec l'âge la raison lui viendra, elle s'apercevra facilement de ses imperfections; l'amour-propre s'en mêlera, et elle aura bientôt fait de se corriger elle-même. C'est à peu près le même raisonnement que font certains parents dont les enfants, quand ils commencent à marcher, ont les pieds mal tournés, ou montrent quelques dispositions à avoir la taille deviée : au lieu d'employer les moyens orthopédiques faciles à cet âge pour redresser les jambes ou la taille, ils n'osent y avoir recours, dans la crainte, disent-ils, de faire souffrir leurs enfants, persuadés qu'avec l'âge, et en grandissant, ces difformités disparaîtront d'elles-mêmes. Qu'arrive-t-il à la suite d'un pareil raisonnement? Que les enfants, devenus grands, sont cagneux ou bossus, et que désormais leur guérison est impossible. On peut en dire à peu près autant du raisonnement que faisait M. de Briancourt sur sa fille. Les imperfections contractées dès l'enfance, et que n'a point corrigées une bonne éducation ne font que croître, se développer avec l'âge, et prendre dans l'âme des racines qu'il devient presque impossible d'extirper. C'était ce qu'avait fini par reconnaître le père de Céline; mais dans l'impuissance d'apporter un remède au mal, il cherchait à s'en consoler, comme nous l'avons dit, en pensant que sa fille était riche, et que l'or cache bien des défauts.

M. de Briancourt fut donc ravi en apprenant la résolution de Céline. Il connaissait depuis longtemps Élise Rouvière; il l'avait vue plusieurs fois quand elle venait visiter sa fille à Paris; il avait approuvé et encouragé leur liaison, parce qu'il avait appris des dames de la pension où avaient été élevées les deux jeunes filles, l'heureuse influence qu'Élise exerçait sur Céline. Il avait donc été très contrarié quand les circonstances les avaient séparées ; il avait vu avec une grande satisfaction leur liaison se reformer par suite de la proximité de leur résidence à la campagne ; et il voyait avec une plus grande satisfaction cette intimité sur le point de se resserrer encore par le séjour qu'allait faire sa fille chez son amie.

Au jour et à l'heure convenus, M. de Briancourt et Céline arrivèrent chez le commandant Rouvière. Celui-ci, intérieurement flatté de la démarche de son noble voisin, le reçut avec une parfaite courtoisie, relevée en quelque sorte par une franchise toute militaire. M. de Briancourt s'excusa sur la multiplicité des affaires qui le forçaient de rester presque toujours à Paris, de n'avoir pu venir plus tôt présenter ses hommages au père de l'amie de sa fille ; il prit de là occasion pour s'étendre en éloges délicats sur Élise, dont il regardait l'amitié pour sa fille comme le plus grand bonheur qui pût arriver à celle-ci. Il termina en disant qu'il espérait que désormais l'amitié plus intime de leurs enfants établirait de plus fréquents rapports entre les parents, et que Céline, après avoir accepté la gracieuse hospitalité offerte par son amie, aurait à son tour le bonheur de la recevoir chez elle avec son père.

Le commandant, sans prendre d'engagement, ne repoussa point cette invitation. Au bout d'une demi-heure, M. de Briancourt prit congé du commandant, et lui dit en se retirant : « Monsieur, je vous laisse ma fille, en vous cédant, pendant son séjour ici, tous mes droits sur elle ; puissiez-vous les exercer de manière à me la rendre un peu semblable à la vôtre ! »

Céline avait eu raison de ne pas compter sur ses propres forces pour accomplir sa grande résolution. Jamais elle n'eût été capable par elle-même de dompter sa paresse, sa nonchalance, et toutes les mauvaises habitudes qu'une vie d'opulence et d'oisiveté lui avait fait contracter. Il fallut toute la patience et le dévouement d'Élise, toute la délicatesse et les soins attentifs qu'elle apporta dans l'accomplissement de la tâche difficile qu'elle s'était imposée, pour en assurer le succès.

Il serait trop long de suivre pas à pas nos deux jeunes amies dans la carrière où elles s'étaient engagées, l'une comme maîtresse, l'autre comme élève. Il nous suffira de dire que la maîtresse montra toujours un zèle à toute épreuve, et l'élève une bonne volonté et une docilité qui ne se démentirent jamais, malgré les défaillances et les découragements que celle-ci éprouva maintes fois, surtout dans le commencement. Si nous nous servons de ces expressions de *maîtresse* et d'*élève,* c'est à déaut d'autre pour indiquer les rapports réels qui existaient entre ces deux jeunes personnes : car jamais Élise ne s'avisa d'exercer l'autorité d'une maîtresse, ni d'exiger de Céline l'obéissance d'une élève; jamais elle ne cessa d'être avec elle une amie et une confidente intime de ses pensées et de ses sentiments; ses préceptes n'étaient que des exemples qu'elle lui donnait elle-même, et ses instructions n'étaient autre chose que des conversations familières. Elle se gardait bien de lui tracer un règlement écrit, pour lequel Céline avait montré tant de répugnance; elle était elle-même pour son amie un règlement vivant qu'elle ne pouvait se dispenser de suivre : rien qui rappelât la classe ni un enseignement pédagogique, encore moins la règle du pensionnat; et cependant tout se faisait avec ordre, avec une régularité parfaite. Pour en donner une idée, nous allons seulement parler de la première journée que Céline passa chez son amie.

Le matin, Élise entra dans la chambre de Céline et la réveilla. Celle-ci, après l'avoir embrassée, lui dit avec un air d'étonnement:

« Comment! tu es déjà habillée et coiffée? Quelle heure est-il donc?

— Il est cinq heures et demie; il y a une demi-heure que je suis levée, selon mon habitude; j'ai fait mon petit ménage et ma toilette du matin, et me voilà prête à remplir mes fonctions de ta femme de chambre, comme je te l'ai promis; il n'y a que ma prière que je n'ai pas encore faite, parce que nous la ferons ensemble.

— Mais pourquoi ne m'avoir pas réveillée en même temps que toi? Tu sais bien que je me suis engagée, pendant mon séjour chez toi, à adopter en entier ton genre de vie.

— En ce cas, il faut que tu t'éveilles toi-même et que tu fasses aussi ta toilette; jusqu'à ce que tu aies pris cette habitude, je viendrai te réveiller et t'habiller comme aujourd'hui.

— Mais comment faire pour me réveiller,

moi qui dors si bien? Il me semble que je ne le pourrai jamais, à moins d'avoir un réveille-matin sur ma table de nuit.

— Détrompe-toi; il suffit d'avoir l'intention bien formelle de se réveiller à telle ou telle heure, pour que cela ait lieu réellement; non pas peut-être dès la première fois : mais il faut persévérer, et, une fois que l'on a commencé, on est tout surpris de se réveiller régulièrement à l'heure qu'on désire. Cela devient ensuite une habitude, et l'on n'y pense plus. Tiens, moi, par exemple, je suis tellement accoutumée à me réveiller à cinq heures, qu'il ne me serait pas possible de rester au lit une minute de plus. Aussitôt que j'ai ouvert les yeux, je prends de l'eau bénite, je fais le signe de la croix, j'offre à Dieu ma journée, et je saute en bas du lit... Ah! cela me fait penser que j'ai oublié de te mettre un bénitier auprès de ton lit... Que je suis étourdie! » Et en disant ces mots elle courut chercher un bénitier qu'elle présenta à Céline. Celle-ci y trempa l'extrémité de ses doigts, offrit à Dieu cette première journée de sa nouvelle vie, et, pour imiter son amie, se leva aussitôt, ce qui jamais ne lui était arrivé, car elle avait toujours la mauvaise habitude de rester au lit longtemps après s'être réveillée.

Tandis qu'Élise l'aidait à faire sa toilette, Céline lui dit : « Tu crois que cela n'est pas dangereux pour la santé, de te lever de si bonne heure? Je l'avais toujours pensé.

— Bah! c'est le démon de la paresse qui t'a inspiré cette mauvaise pensée; c'est tout le contraire qui a lieu; tiens, vois si ma santé n'est pas excellente et meilleure que la tienne : eh bien, ma chère, cela vient de ce que j'ai coutume de me lever plus matin; et je te garantis que si tu prends cette habitude, tu te porteras bientôt au moins aussi bien que moi. Tu reconnaîtras dans la suite la vérité de ce proverbe, que m'a souvent répété ma nourrice, la mère Marguerite, que je te ferai bientôt connaître : « Se lever matin procure santé, sagesse et profit. »

Après avoir fait leur prière, elles descendirent au jardin, où Élise lui montra ses fleurs, et où elles cueillirent quelques bouquets. Remontées dans leur chambre, Élise prit une broderie, à laquelle elle se mit à travailler; Céline demanda à en faire autant; Élise s'empressa de lui donner de l'ouvrage du même genre, et les deux amies travaillèrent ensemble, tout en causant, jusqu'à sept heures.

« Ah! dit tout à-coup Élise, voici la mère Marguerite qui nous apporte notre déjeuner : elle est exacte comme la pendule. Tu dois avoir appétit?

— Je t'assure que je prendrai volontiers quelque chose, quoique habituellement je fasse mon premier déjeuner beaucoup plus tard.

— Oui, et encore le fais-tu sans appétit, à ce que tu m'as dit toi-même. Voilà déjà un effet de ton lever matinal. »

Comme elle achevait ces mots, la mère Marguerite entra dans la chambre, tenant sur un plateau deux énormes bols de lait frais, avec deux petits pains.

Céline trouva le lait délicieux, et affirma qu'elle ne se rappelait pas d'avoir fait un si bon repas depuis bien longtemps. « C'est-à-dire, reprit Élise, que tu ne te rappelles pas d'avoir déjeuné d'un si bon appétit. »

Quand le déjeuner fut terminé, Élise dit à son amie : « Voilà l'heure où j'ai l'habitude d'aller souhaiter le bonjour à mon père et de causer quelque temps avec lui : veux-tu m'accompagner?

— Certainement, à moins que tu n'aies quelque chose de particulier à lui dire.

— Oh! pas du tout; mais c'est que notre conversation est quelquefois un peu sérieuse, et que cela pourrait peut-être t'ennuyer.

— Et pourquoi m'ennuierait-elle? C'est probablement une conversation instructive, et que je suis trop ignorante sans doute pour comprendre; mais ne suis-je pas venue ici pour m'instruire? D'ailleurs tu m'expliqueras ce qui m'aura semblé inintelligible.

— Très bien, ma chère! j'aime à te voir dans ces dispositions. En ce cas allons vite, ou mon père attendrait; car il est exact comme un ancien soldat qui ne connaît que l'heure militaire. »

Elle conduisit aussitôt son amie dans une pièce assez vaste, la plus grande de toute la maison, et qu'on appelait *la bibliothèque*. Tout un des côtés de la salle était rempli par une armoire vitrée, garnie du haut en bas de tablettes sur lesquelles étaient rangés des livres de tout format proprement reliés. Pour lui faire pendant, une armoire toute semblable remplissait le côté opposé; mais à la place de livres étaient rangés des échantillons de minéraux, classés avec ordre et étiquetés ; puis des herbiers garnis de plantes et de fleurs desséchées ; puis des oiseaux empaillés, et des vitrines remplies de papillons préparés avec soin et étalant les vives couleurs de leurs ailes. Les deux autres côtés de la salle étaient percés de deux croisées chacun, ouvrant les unes au midi, les autres au nord. Entre les croisées et dans les espaces que ne cachaient pas les armoires, les murs étaient couverts de grandes cartes géographiques. Sur une table placée du côté du midi et près des croisées étaient rangés différents instruments de physique ; au milieu du salon, une large table en bois noir supportait des globes, des sphères célestes et terrestres, et des instruments d'optique. Cette table était en outre garnie de pupitres et de tout ce qui est nécessaire pour écrire et dessiner.

Céline, en entrant dans ce petit temple consacré à la science, ne put s'empêcher d'éprouver une certaine émotion. « Oh ! mon Dieu ! dit-elle à Élise, c'est donc là ta salle d'étude ?

— Oui, ma fille, et le cabinet de travail de mon père.

— Que de choses à apprendre ! cela est vraiment effrayant.

— Bah ! j'étais comme toi la première fois que je suis entrée dans le cabinet de mon père à Paris, et il était à cette époque bien plus complet qu'il ne l'est aujourd'hui. Mais d'abord mon père me fit observer, pour me rassurer, qu'il y avait là des sujets d'étude qui n'étaient pas de la compétence de notre sexe, et dont par conséquent je n'aurais pas à m'occuper. « Quant aux autres, me dit-il, une fois « que tu en auras tâté, tu verras que tu y « prendras goût, et que je serai peut-être un « jour obligé de te retenir dans ces études au « lieu de t'y exciter. » Et c'est ce qui est arrivé. Aujourd'hui il n'y a pas d'endroit où je me plaise plus que dans ce cabinet, et, si d'autres devoirs ne me forçaient de le quitter, j'y passerais des journées entières. »

La conversation fut interrompue par l'arrivée du commandant Rouvière. Il s'avança aussitôt vers Céline, et s'informa avec intérêt des nouvelles de sa santé ; puis il baisa sa fille au front, et invita les deux jeunes personnes à s'asseoir. « Mademoiselle, dit-il en s'adressant à Céline, je ne puis encore vous demander si vous vous plaisez dans notre solitude, il y a trop peu de temps que vous l'habitez pour me répondre; mais ce que je vous affirmerai en toute assurance, c'est que ma fille et moi nous ferons notre possible pour vous rendre agréable votre séjour parmi nous.

— J'en suis bien convaincue, Monsieur, répondit Céline; aussi je puis vous assurer d'avance que j'ai la certitude de ne pas m'ennuyer ici un seul instant.

— Ah! ma chère, dit en riant Élise, il ne faut jurer de rien. Rappelle-toi que tout à l'heure, en entrant ici, tu as été effrayée à l'aspect de ces livres et de ces instruments de la science qui font le seul ornement de cette salle, et je suis persuadée que, si nous y restions trop longtemps, tu t'y ennuierais bientôt.

— Mais, ma fille, je ne suppose pas que tu aies invité ton amie à venir ici pour étudier, et je pense que tu lui chercheras d'autres distractions plus agréables que celles qu'elle trouverait dans ces livres et dans ces instruments.

— Détrompez-vous, mon père, c'est que Mlle de Briancourt est venue précisément dans notre solitude pour travailler et étudier, afin de se soustraire aux ennuis de l'oisiveté qui la poursuivaient dans son château.

— Élise a raison, Monsieur, je ne veux pas ici d'autres distractions que celles qu'elle a l'habitude d'y trouver elle-même; et mon intention est surtout de fuir l'oisiveté, car je sais par expérience combien elle est funeste.

— Vous avez raison, Mademoiselle: vivre dans l'oisiveté ce n'est pas vivre, car la vie c'est le mouvement et l'activité du corps et de l'esprit, et quand l'esprit ou le corps ne travaillent pas, et qu'au lieu de ne prendre que le repos qui leur est nécessaire, ils se livrent à l'oisiveté, c'est la mort.

— Je comprends très bien cela, Monsieur; seulement, quand je pense à mon ignorance et à tout ce que j'ai à faire pour la combattre, j'avoue que je suis effrayée et presque découragée.

— Oh! je connais cela, Mademoiselle; mais il n'y a pas de quoi vous tourmenter. Tenez, quand j'étais militaire, nous avions souvent de longues étapes ou des marches forcées à faire. En voyant la distance qu'il nous fallait parcourir, nous en étions souvent effrayés et découragés comme vous; puis on se mettait en marche résolument, on tâchait d'égayer la route de son mieux, on finissait par arriver, et alors toutes les fatigues du chemin étaient oubliées. Eh bien, mettez-vous aussi en marche avec courage et résolution, et vous arriverez peu à peu au but sans vous apercevoir des fatigues de la route. D'ailleurs, si vous voulez suivre Élise dans cette voie, vous verrez qu'elle n'a en réalité rien de fatigant ni de rebutant. Ce que nous appelons ici travaux et études, ce ne sont au fait que de véritables distractions, comme vous disiez fort bien tout à l'heure, c'est-à-dire des moyens agréables et utiles d'employer le temps. Nous ne faisons point ici de cours méthodiques, ce ne sont pas des leçons proprement dites, ce sont de simples causeries dans lesquelles nous échangeons nos pensées et nous nous faisons part mutuellement de nos observations. Tenez, pour vous en donner une idée, et vous initier sommairement à notre manière d'étudier, je vais vous expliquer en quelques mots l'usage de ces divers instruments de la science dont l'aspect vous a effrayée en entrant ici.

« Voici d'abord notre bibliothèque, qui contient une collection de nos meilleurs écrivains, tant poètes que prosateurs, depuis le xvi° siècle jusqu'à nos jours : quelques-uns y sont au complet, d'autres n'y sont représentés que par un choix de leurs ouvrages, de manière que tous les livres qui sont ici peuvent convenir à une jeune personne. Quant à l'armoire qui fait face à la bibliothèque, vous y voyez quelques échantillons appartenant aux trois règnes de la nature; cela vous indique que nous nous occupons quelquefois d'histoire naturelle. Mais que cette idée ne vous effraye pas, nous n'avons pas la prétention d'approfondir la science des Linnée, des Jussieu, des Réaumur, des Buffon, des Lacépède; nous laissons ce genre d'études aux savants de profession. Pour nous, mettant de côté les classifications, les nomenclatures scientifiques et arides, nous étudions la nature sous un aspect plus intéressant, et nous nous disons avec Bossuet (le commandant prit alors un volume de Bossuet, et lut ce qui suit) : « Qui a formé tant de genres d'animaux et tant d'espèces subordonnées à ces genres, toutes ces propriétés, tous ces mouvements, toutes ces adresses, tous ces aliments, toutes ces forces diverses, toutes ces images de vertu, de pénétration, de sagacité et de violence? Qui a fait marcher, ramper, glisser les animaux ? Qui a donné aux oiseaux et aux poissons ces rames naturelles qui leur font fendre les eaux et l'air ? ce qui peut-être a donné lieu à leur Créateur de les produire ensemble, comme animaux d'un dessein à peu près semblable, le vol des oiseaux paraissant être une espèce de faculté de nager d'une manière plus subtile, comme la faculté de nager, dans les poissons, est une espèce de vol dans une liqueur plus épaisse. Le même auteur a fait ces convenances et ces différences : Celui qui a donné aux poissons leur tristesse, et, pour ainsi dire, leur morne silence, a donné aux oiseaux leurs chants divers, et leur a mis dans l'estomac et dans le gosier une espèce de lyre et de guitare, pour annoncer, chacun à sa mode, les beautés du Créateur. Qui n'admirerait les richesses de la Providence, qui fait trouver à chaque animal, jusqu'à une mouche, jusqu'à un ver, sa nourriture convenable ? En sorte que la disette ne se trouve dans aucune partie de sa famille, mais, au contraire, que l'abondance y règne partout, excepté maintenant parmi les hommes, depuis que le péché a introduit la cupidité et l'avarice. » Ce passage de Bossuet, que je viens

de vous lire, continua le commandant, nous
a servi, pour ainsi dire, de règle dans l'étude
que nous faisons, non seulement des animaux,
mais de toutes les autres parties de l'histoire
naturelle et des œuvres de la création. Pour
rendre ces études plus complètes et plus at-
trayantes, nous nous servons de ces instruments destinés à suppléer à la faiblesse de nos
sens; ainsi, à l'aide de cette lunette, nous pouvons contempler dans le ciel quelques-uns de
ces phénomènes admirables qui, à défaut de
ce secours, échapperaient à notre vue, à cause
de leur immense éloignement; avec cet autre
instrument appelé microscope, nous pouvons
apercevoir des êtres d'une petitesse extraordinaire, et qui, pour cette raison, seraient im-
perceptibles à nos yeux. Et dans cette double
étude, celle de la grandeur extrême, comme
celle de la dernière petitesse de la nature,
nous sommes également saisis d'admiration
pour la puissance infinie du Créateur. Per-
mettez-moi, Mademoiselle, de vous lire sur
ce sujet un passage intéressant de Pascal; il
vous donnera, mieux que je ne pourrais le
faire moi-même, une idée de l'importance de
cette double étude : « Que l'homme ne s'ar-

rête pas à regarder simplement les objets qui l'environnent ; qu'il contemple la nature entière dans sa haute et pleine majesté ; qu'il considère cette éclatante lumière mise comme une lampe éternelle pour éclairer l'univers ; que la terre lui paraisse comme un point auprès du vaste tour que cet astre décrit, et qu'il s'étonne que ce vaste tour lui-même n'est qu'un point très délicat à l'égard de celui que les astres qui roulent dans le firmament embrassent. Mais si notre vue s'arrête là, que l'imagination passe outre, elle se lassera plus tôt de concevoir que la nature de fournir. Tout ce que nous voyons du monde n'est qu'un trait imperceptible dans l'ample sein de la nature ; nulle idée n'approche de l'étendue de ses espaces. Nous avons beau enfler nos conceptions, nous n'enfantons que des atomes au prix de la réalité des choses. C'est une sphère infinie, dont le centre est partout, la circonférence nulle part. Enfin, c'est un des plus grands caractères sensibles de la toute-puissance de Dieu, que notre imagination se perde dans cette pensée.

« Mais pour présenter à l'homme un autre prodige aussi étonnant, qu'il recherche dans ce qu'il connaît les choses les plus délicates[1]. Qu'un ciron, par exemple, lui offre dans la petitesse de son corps des parties incomparablement plus petites, des jambes avec des jointures, des veines, des humeurs dans ce sang, des vapeurs dans ces gouttes; que, divisant encore ces dernières choses, il épuise ses forces et ses conceptions, et que le dernier objet où il peut arriver soit maintenant celui de notre discours, il pensera peut-être que c'est là l'extrême petitesse de la nature. Mais je veux lui peindre encore tout ce qu'il est capable de concevoir de l'immensité de la nature dans l'enceinte de cet atome imperceptible, et son imagination se perdra dans ces merveilles, aussi étonnantes par leur petitesse que les autres par leur étendue. »

« Vous voyez, Mademoiselle, continua le commandant, combien de choses on découvre dans ce grand livre de la nature sans cesse ouvert sous nos yeux quand on veut se donner la peine d'y lire. Pour nous, nous y cherchons, non à satisfaire une vaine curiosité, ni à y puiser les moyens de faire parade d'une érudition

---

[1] Délicat est pris ici, comme dans quelques phrases plus haut, dans le sens de petit, ténu.

déplacée, nous y cherchons et nous y trouvons les enseignements les plus utiles à l'homme, des exemples et des règles de ses devoirs. Ainsi les animaux nous offrent, comme dit Bossuet, des images de vertu, de sagacité, de pénétration, de violence : le chien, par exemple, nous montre des exemples de fidélité, de reconnaissance et de dévouement ; les abeilles nous présentent un modèle admirable d'une société bien organisée, et des merveilles que produisent le travail et l'activité de ses membres lorsqu'un accord parfait règne entre eux. Enfin, quelque part que nous jetions les yeux, soit au-dessus, soit autour de nous, soit dans les cieux, soit sur la terre, le spectacle de la nature nous offre le plus parfait modèle de l'ordre et de la beauté, et élève notre pensée jusqu'à Celui qui est l'ordre et la beauté même, et le type inaltérable de toute perfection. »

Céline écouta avec attention les paroles de M. Rouvière. Elles firent une profonde impression sur son âme accoutumée jusqu'ici à ne s'occuper que de frivolités, et dont les conversations les plus sérieuses avaient roulé jusqu'à présent sur la toilette et les spectacles.

Quand elle se retrouva seule avec Élise, elle lui dit : « Sais-tu que les paroles de ton père m'ont en quelque sorte fait entrevoir un monde tout nouveau ? Je voudrais bien les retenir ; mais j'ai si peu de mémoire que je crains de les oublier bientôt.

— En ce cas, fais comme moi. Quand j'ai eu avec mon père une conversation dans le genre de celle de tout à l'heure, j'en écris aussitôt un résumé, et dès lors je ne l'oublie plus. »

Céline suivit ce conseil, et écrivit une espèce d'analyse de ce quelle venait d'entendre. Son peu d'habitude de ce genre de travail l'obligea à le recommencer deux ou trois fois ; enfin, grâce aux indications et aux corrections d'Élise, elle finit par faire quelque chose de passable.

Le reste de cette journée et les suivantes n'offrirent rien de remarquable. Nous dirons seulement que Céline s'accoutuma peu à peu à cette vie régulière, et qu'elle la trouva bientôt si naturelle, si facile, si agréable même, qu'elle ne pouvait pas concevoir comment elle avait pu si longtemps vivre oisive et sans ordre.

Nous avons déjà dit, au commencement de cette histoire, qu'Élise avait remarqué dans Céline le germe d'excellentes qualités que malheureusement la mauvaise éducation avait étouffé. C'est à le faire revivre qu'Élise s'attacha, et, grâce au secours que lui prêta son père, elle y réussit complètement. Céline ressemblait à ces terres généreuses, au sol riche et fécond, mais qu'on a entièrement négligées, et qui ne produisent que des plantes inutiles ou des fruits sauvages. Si une main intelligente les défriche et les cultive enfin, il semble qu'elles ont hâte de réparer le temps perdu, et bientôt elles se couvrent d'abondantes moissons. Ainsi Céline, dont l'esprit avait été jusque-là engourdi et comme fermé par la paresse, s'ouvrit sans difficulté aux leçons d'Élise et de son père, et en peu de temps elle fit en tout genre des progrès qui étonnèrent le commandant et sa fille.

Mais celui qui fut le plus ravi du changement opéré en Céline, ce fut M. de Briancourt. Il était resté plus d'un mois sans revenir à son château, par suite d'occupations qui l'avaient retenu à Paris; il fut frappé d'étonnement quand il la revit, quand il l'entendit parler, quand il remarqua son ton et jusqu'à sa démarche. Ce n'était pas encore un changement complet, mais c'était le commencement et l'indice certain d'une heureuse et prochaine transformation. M. de Briancourt ne savait comment témoigner sa reconnaissance à Élise et à M. Rouvière ; il voulait les emmener tous au château et les y installer pour continuer une œuvre si heureusement commencée. Mais M. Rouvière, Élise et Céline elle-même lui firent observer qu'ils étaient mieux dans leur petite maison des Andelys pour cet objet, et enfin il fut convenu qu'ils y resteraient jusqu'à la fin de septembre, et qu'à cette époque ils iraient passer un mois à Briancourt, jusqu'au départ de Céline pour Paris.

Au moment de repartir, M. de Briancourt dit à sa fille : « Sais-tu, Céline, qu'il y a une personne qui va être furieusement contrariée de ne pas te voir revenir avec moi ?

— Et qui donc, papa ?

— Mlle Justine, ta femme de chambre ; elle a positivement déclaré à Jean, de qui je le tiens, que si je ne te ramenais pas aujourd'hui, elle demanderait son congé, parce qu'elle était persuadée que Mlle Rouvière te *gâterait*, et qu'elle ne voulait pas rester chez une maîtresse qui voudrait se modeler sur Mlle Élise. J'avais bonne envie de la prendre au mot et de la renvoyer sur-le-champ, car cette fille me déplaît; c'est elle qui gâte les autres domestiques, et qui dans un temps aussi a passablement contribué à gâter sa maîtresse. Cependant je n'ai pas voulu le faire sans te consulter.

— Vous avez eu tort de ne pas suivre votre première idée; je vous assure que je ne tiens nullement à Mlle Justine, et pour bien des raisons je ne serais pas fâchée de ne pas la retrouver quand je retournerai au château. »

Enfin le mois de septembre arriva, et vers le 25 M. Rouvière, sa fille et Céline vinrent s'installer à Briancourt. M. de Briancourt avait depuis quelque temps parlé avec enthousiasme à ses amis de Paris de l'heureux changement qui s'était opéré dans sa fille. Il en avait surtout entretenu M. de Lancry, un de ses plus intimes amis, avec lequel il avait projeté depuis longtemps un mariage entre leurs enfants. Mais Mme de Lancry, après avoir vu Céline à sa sortie de pension et l'avoir rencontrée plusieurs fois dans le monde, n'avait point approuvé cette union, et son fils, le jeune Adolphe de Lancry, avait été de l'avis de sa mère, et par les mêmes raisons. « Mlle de Briancourt est fort riche et fort belle, avait-il dit; mais ce n'est, après tout, qu'une belle et riche statue, et je n'ai pas le pouvoir de Pygmalion pour lui donner une âme. »

Le projet avait donc été à peu près abandonné, ou du moins ajourné, au grand dépit de M. de Lancry, qui eût été enchanté de cet établissement pour son fils, à cause de la fortune de la future. Il fut donc charmé quand son ami lui apprit la transformation qui s'était faite dans sa fille; il en parla à sa femme, qui ne voulut pas y croire, prétendant que M. de Briancourt avait toujours été aveuglé sur le compte de son enfant. Enfin, pressée par son mari de s'assurer par elle-même de la vérité, elle accepta l'invitation que M. de Briancourt leur avait faite à l'un et à l'autre de venir passer quelques semaines à son château. Adolphe était en ce moment à Londres, et sa mère se proposait de le faire revenir, dans le cas où le projet de mariage serait repris sérieusement. De toutes les parties intéressées, Céline seule ignorait absolument l'existence de ce projet.

M. de Briancourt et ses hôtes arrivèrent au château presque en même temps que Céline, son amie et le commandant. Dès le premier abord, Mme de Lancry fut frappée de surprise en revoyant Céline, et elle reconnut que son père n'avait pas exagéré. Au lieu de cette jeune fille indolente, nonchalante, dédaigneuse, qui avait toujours l'air de s'ennuyer, qui parfois restait une demi-heure sans ouvrir la bouche, ou qui se mettait à parler à tort et à travers, de tout et sur tout, entassant sottises sur sottises, bévues sur bévues, le tout entremêlé de fautes de français qui en faisaient un sujet de moquerie pour les indifférents et un supplice pour ceux qui lui portaient intérêt, elle trouva une jeune personne modeste, prévenante et empressée sans affectation, écoutant avec attention quand on lui parlait, répondant simplement et avec netteté aux questions qu'on lui adressait, montrant de la gaieté sans étourderie et du calme sans indolence. Telles furent les premières remarques que fit Mme de Lancry, avec cette sagacité et cette sûreté de coup d'œil qui n'appartiennent qu'aux femmes, et encore à celles qui ont l'habitude de fréquenter la société. Bientôt, en l'étudiant avec attention, elle reconnut des qualités solides, une instruction variée, mais susceptible encore de perfectionnement, et à côté de ces qualités, et comme pour les soutenir et les relever, un grand fonds de vertu et de piété.

Ce qui acheva surtout de charmer M*me* de Lancry, c'est que, quand il fut question de revenir à Paris, Céline alla trouver son père en particulier, et le supplia de la laisser passer l'hiver à Briancourt avec son amie et M. Rouvière, afin de continuer son éducation et son instruction, qu'elle n'avait, disait-elle, encore qu'ébauchées. « Qu'irais-je faire à Paris? lui dit-elle; le monde et les distractions que j'y cherchais l'année dernière n'ont plus pour moi de charme; j'aurais honte d'y paraître en me rappelant mes sottises passées, et je m'exposerais peut-être à perdre le peu que j'ai gagné en suivant les avis d'une amie dévouée et de son respectable père. »

Quand M. de Briancourt rendit compte à M*me* de Lancry de cette conversation, elle lui dit : « Ce dernier trait me prouve que votre fille est réellement et sincèrement corrigée; vous auriez tort d'insister pour la remener à Paris: oui, laissez-la ici, pour qu'elle raffermisse dans la bonne voie où elle est engagée. »

« Eh bien ! lui dit son mari quand ils se trouvèrent seuls, es-tu encore disposée à combattre notre projet ?

— Moi ? je voudrais qu'il pût s'exécuter dès demain; malheureusement Adolphe est encore retenu pour plusieurs mois en Angleterre, et je t'avouerai entre nous que c'est un des motifs qui m'ont fait insister auprès de M. de Briancourt pour qu'il n'amenât pas en ce moment sa fille à Paris; car je suis persuadée qu'une foule de prétendants se mettraient aussitôt sur les rangs, et pourraient bien nous l'enlever. »

M. de Briancourt et sa société retournèrent donc à Paris, et Céline, à sa grande satisfaction, resta au château avec son amie et M. Rouvière, qui, sur les instances de M. de Briancourt, avait consenti à remplacer le maître du château pendant son absence. Les deux amies reprirent leurs études, et Mme Legay, qui était fort instruite, seconda de son mieux le zèle d'Élise, maintenant qu'elle voyait que c'était le moyen de plaire à Céline.

Les premiers mois d'hiver se passèrent ainsi

rapidement, et Céline ne s'apercevait pas de la tristesse qu'offre le séjour de la campagne en cette saison. Vers le milieu de janvier, ce calme fut troublé par une triste nouvelle. M. de Briancourt apprenait à sa fille, dans une lettre empreinte du plus profond désespoir, qu'une catastrophe financière venait de lui enlever les quatre cinquièmes au moins de sa fortune ; il ne lui resterait plus, après avoir liquidé et payé toutes ses dettes, que le château et le domaine de Briancourt. Il ajoutait qu'il viendrait bientôt la retouver ; car il était résolu à se retirer des affaires, et à passer le reste de ses jours dans le château de ses ancêtres.

Céline fut affligée pour son père de cet événement ; mais pour elle-même elle n'en fut pas touchée : « Ah ! si mon père pouvait se consoler de ce malheur, pour moi je le serais bientôt : au moins j'aurais le bonheur de l'avoir constamment avec moi, comme tu as le tien, ma chère Élise, et ces maudites affaires ne me l'enlèveraient plus. »

M. de Briancourt avait en même temps annoncé son malheur à son ami, en lui disant que sa fortune n'étant plus aujourd'hui ce qu'elle avait été, il se voyait, à son grand regret, forcé de renoncer à l'union projetée entre leurs enfants, et qu'en conséquence il lui rendait sa parole.

La réponse ne se fit pas attendre. Elle était écrite par M. Adolphe de Lancry, revenu d'Angleterre depuis quelques jours seulement. Elle ne contenait que ces lignes : « Monsieur, mon père doit vous écrire demain pour vous faire son compliment de condoléance au sujet de la perte que vous avez éprouvée, et pour confirmer ce que je vais avoir l'honneur de vous dire. Mes parents, d'accord avec moi, maintiennent la parole que vous leur rendez. Si j'avais épousé Mlle Céline l'année dernière, on aurait pu m'accuser de n'avoir voulu prendre qu'une dot ; aujourd'hui je sollicite avec transport la main de votre fille, c'est-à-dire d'une femme accomplie, trop heureux si vous et elle daignez agréer ma demande ! »

Deux mois après, le mariage était célébré.

Élise, comme on le pense bien, fut la demoiselle d'honneur de son amie. Mme de Lancry disait, en la voyant accompagner Céline : « Que n'ai-je deux fils ! je serais heureuse de voir l'autre épouser Mlle Rouvière. »

Grâce à ses amies, plusieurs partis avantageux se sont présentés pour Élise; mais elle les a tous refusés. C'était, pensait-on d'abord, pour ne pas se séparer de son père; depuis, le vieux commandant est mort, et elle a persisté dans ses refus. Sur les vives instances de son amie, elle est venue passer auprès d'elle le temps de son deuil; mais il paraît à peu près certain qu'elle s'y fixera, car elle trouve toujours dans Mᵐᵉ Adolphe de Lancry l'affection d'une sœur; de plus, elle a été marraine d'une charmante petite fille née un an après le mariage de ses parents, et elle a pris l'engagement de faire l'éducation de sa petite filleule.

FIN

TABLE

Chapitre I. — Deux amies de pension. 7
— II. — La petite fée. 31
— III. — Conseils d'Élise à Céline sur l'emploi du temps. 55
— IV. — Hésitation. — Résolution. 79
— V. — L'accomplissement de la résolution. — Conclusion. 109

14815. — Tours, impr. Mame.

Original en couleur
NF Z 43-120-8

www.ingramcontent.com/pod-product-compliance
Lightning Source LLC
Chambersburg PA
CBHW060141100426
42744CB00007B/851